楔形(くさびがた)文字を書いてみよう 読んでみよう

古代メソポタミアへの招待

池田 潤

白水社

装幀　林　規章

まえがき

　今からおよそ5200年前のメソポタミアで人類は文字を手に入れました．それが楔形文字です．これにより，覚えきれないほど大量の情報を記録することが初めて可能となり，それまでとは革命的に異なる社会が成立しました．さらに，時間を超えてことばが伝わるようになり，歴史が始まりました．

　5000年以上前のメソポタミアの文字と聞くと，現代の日本に暮らす私たちには縁遠いものに思えるかもしれません．ところが，読者の皆さんは楔形文字に意外な親近感を覚えるはずです．というのも楔形文字には音読みと訓読みがあり，「漢字」「かな」交じりの表記をおこない，送りがなをふることもあるからです．これほど日本語に似た表記システムをもつ文字はあまりないのではないでしょうか．

　この世界最古の文字を中学生以上の読者に分かりやすく紹介するのが本書の目的です．本書を片手に童心に返って粘土遊びに興じながら，楔形文字に親しんでいただけたらうれしく思います．

　本書は白水社の岩堀雅己氏の熱意の産物だと言うことができます．思うように筆が進まない著者をある時は忍耐強く見守り，ある時は叱咤激励してくださった岩堀氏のおかげで，なんとか出版にこぎつけることができました．また，著者は筑波大学人文学類において隔年でアッカド語の授業を開講していますが，授業で本書の草稿の一部を使ってみました．その際に受講生から出た質問のおかげで表記や解説を改良することができました．さらに，本書の仕上げの段階で山田重郎・恵子夫妻に原稿を読んでいただきました．お二人から誤植や表記の不統一，分かりにくい箇所などについて数多くの有益な指摘をいただき，非常に助かりました．上記の方々にこの場を借りて心からお礼を申し上げます．

池田　潤

𒀭𒈹 𒊩𒌆𒀭𒈾

目 次

　　まえがき　*3*

序　章　古代メソポタミアの歴史と文字　*7*

第1章　楔形文字を書いてみよう　*17*

　　1　楔形文字の特徴　*18*

　　2　まずこの 57 文字を覚えよう　*20*

　　3　楔形文字で名前を書いてみよう［その1］　*45*

　　4　こんな文字も覚えよう　*49*

　　5　楔形文字で名前を書いてみよう［その2］　*67*

　　6　同じ音でもつづりが変わるもの　*68*

　　7　漢字のような文字　*70*

　　8　数字を書いてみよう　*74*

第2章　楔形文字を読んでみよう　*77*

　　1　限定符　*78*

　　2　地名を読んでみよう　*80*

　　3　人名を読んでみよう　*83*

　　4　神の名前を読んでみよう　*86*

　　5　月名を読んでみよう　*91*

　　6　数字を読んでみよう　*93*

第3章　楔形文字を解読してみよう　*95*

  1　ギルガメシュ叙事詩　*97*
  2　王の碑文［その１］──ブラック・オベリスク　*102*
  3　王の碑文［その２］──カルフ北西宮殿の壁画　*107*
  4　バビロニアの世界地図　*110*
  5　ハンムラビ法典　*116*

付　録　　基本文字早見表　*122*
    同音異字早見表　*123*
    練習問題の解答　*124*
    参考図書　*125*
    さらに勉強したい人のために　*126*

◇コラム一覧
アッカド語の翻字［その１］　*22*
アッカド語の翻字［その２］　*76*
アッカド語の翻字［その３］　*82*
アッカド語の人名　*85*
円筒印章　*90*
アッカド語の格語尾　*106*
ハンムラビの名前の表記　*121*

序章

古代メソポタミアの
歴史と文字

【古代メソポタミアの歴史】

　古代メソポタミアは大きく南北に二分することができます．北部がアッシリア地方，南部はバビロニア地方と呼ばれます．両地域には前2千年紀から前1千年紀にかけて多くの国々が興亡し，古代オリエント世界の覇権をかけて争いました．アッシリア地方にはアッシュルという古都がありましたが，その後，都はカルフ，ドゥル・シャルキン，ニネヴェ（ニヌア）へと移っていきました．いずれもティグリス河畔の町です．バビロニア地方を代表する都市は言うまでもなくバビロンです．けれども，ハンムラビ法典で知られるハンムラビ王が即位した時点では，バビロンはまだ南メソポタミアの一都市に過ぎませんでした．

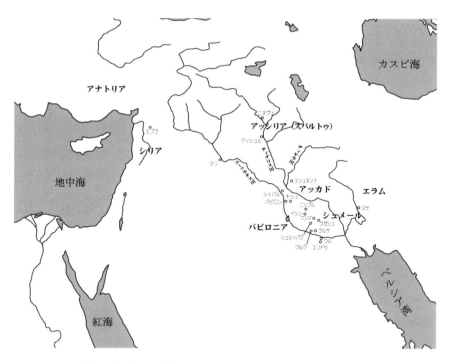

【地図1】前3千年紀〜前2千年紀前半の古代オリエント世界
（前田徹ほか『歴史学の現在　古代オリエント』p.16-17をもとに作成）

南メソポタミアに最初に都市文明を築いたのはシュメール人です．前4千年紀の終わりから前3千年紀中頃まで，エリドゥ，シュルッパク，キシュ，ウルク，ウル，ラガシュ，ウンマなどの都市国家が栄え，最終的にウルクの王ルガルザゲシによって統一されました．このルガルザゲシを破ったのが，アッカド王朝のサルゴンです．アッカド王朝は南メソポタミアの北部に移住してきたセム人の王朝で，彼らの話す言語がアッカド語と呼ばれます．サルゴンは南メソポタミアの北部（アッカド地方）と南部（シュメール地方）を最初に統一した王と言えるでしょう．しかし，やがてアッカド王朝は混迷し，蛮族による支配を経て，ウル・ナンムがシュメール人の王朝を再建しました．この王朝はウル第三王朝と呼ばれます．ウル第三王朝はわずか100年で滅亡し，イシン，ラルサ，バビロンなどの都市国家がしのぎを削る時代となります．イシン，ラルサ，バビロンの王朝は，西方から移住してきたセム系アモリ人によって創設されています．アモリ人が勢力を誇っていたのは南メソポタミアだけではありません．当時，北メソポタミアのアッシュル，ディヤラ河畔のエシュヌンナ，ユーフラテス中流のマリもアモリ人の支配下にありました．これらの勢力を破って，前18世紀にメソポタミア全土の統一を果たしたのが上記のハンムラビ王（在位前1792-1750年）です．ハンムラビの治めた国を古バビロニアと呼びます．

　前2千年紀後半の古代オリエントは多極化という言葉がふさわしい時代でした．すでに衰退していたバビロン第一王朝が前1595年にヒッタイトの攻撃を受けて滅亡すると，メソポタミアはバビロニア（カッシート王朝）とアッシリアとミタンニ（フリ人）に分裂しました．西方ではシュッピルリウマ1世の時代からヒッタイト（古代名ハッティ）が勢力を伸ばし，エジプト（古代名ミツリないしムツリ）とシリア・パレスチナにおける覇権争いを繰り広げるようになります．当時，シリア・パレスチナにはカルケミシュ，エマル，アララハ，ウガリト，カトナ，ビブロス（古代名グブラ）をはじめとする数多くの都市国家が存在し，列強との外交書簡や条約を書き残しています．エジプトのアメン・ホテプ4世が建てた都から発見されたアマルナ書簡はその代表例と言えるでしょう．

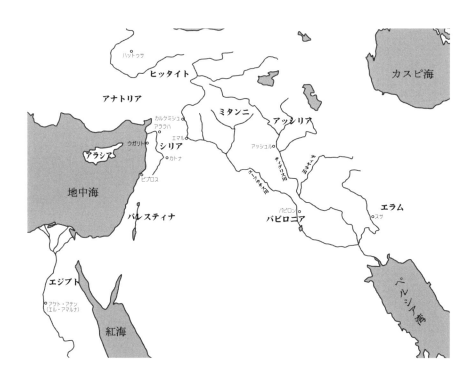

【地図2】前2千年紀後半の古代オリエント世界
（前田徹ほか『歴史学の現在　古代オリエント』p.72-73をもとに作成）

　前1千年紀は帝国の時代でした．まず新アッシリアが，次いで新バビロニアが大帝国を築き，滅んでいきました．その幕開けとなったのが，アッシュル・ナツィルパル2世（在位前883-859年）およびシャルマネセル3世（在位前858-824年）の治世です．この親子は多くの近隣諸国を支配下に入れ，アッシリアが大帝国となるいしずえを築きました．この時期に登場した新勢力として，アッシリアの北方に位置するウラルトゥ（ないしウラシュトゥ），南メソポタミアのカルデア人，地中海に面したイスラエルなどをあげることができます．新アッシリアのセンナケリブ（在位前704-681年）はイスラエルに進軍して，ラキシュという町を包囲しています．新アッシリアの最盛期にはその支配はエジプトにまで及びました．

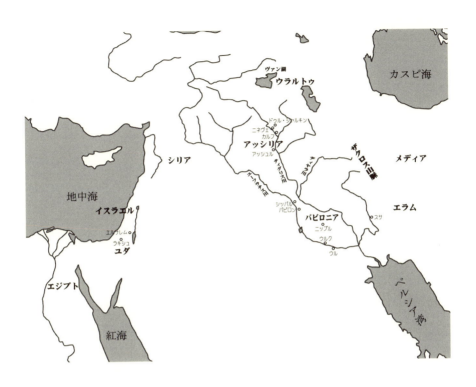

【地図3】前1千年紀の古代オリエント世界
（前田徹ほか『歴史学の現在　古代オリエント』p.116-117をもとに作成）

　バビロニアは前8世紀にアッシリア王ティグラト・ピレセル3世によって攻略され，アッシリアに併合されました．けれども，これに反旗を翻したのがバビロニア南部に定住したカルデア人ビト・ヤキン族の首長メロダク・バルアダン（在位前721-710, 703年）でした．メロダク・バルアダンはアッシリアのサルゴン2世（在位前721-705年）やセンナケリブを翻弄し，2度バビロニアの王位についています．前7世紀にバビロニアをアッシリアから解放し，最終的にアッシリアを滅亡にまで追いやったのはナボポラッサル（在位前625-605年）で，彼もまたカルデア人でした．ナボポラッサルの息子ネブカドネツァル（在位前604-562年）はシリア・パレスチナでエジプトと覇権を争いました．ネブカドネツァルはバビロニアからエジプトへ寝返った

ユダ王国を滅ぼし，首都エルサレムの住民をバビロンに連れ去りました．これが有名なバビロン捕囚（前6世紀）です．ネブカドネツァルの死後，バビロニアは政情不安に陥り，アケメネス朝ペルシアによって滅ぼされました．

　以上がメソポタミアを中心とした古代オリエント史のおおまかな流れですが，この壮大な歴史を私たちが知ることができるのはひとえに文字のおかげです．文字による記録が生まれる前の時代は先史時代と呼ばれます．古代メソポタミアの楔形文字は現存する世界最古の文字ですから，「歴史はシュメールに始まる」（S. N. クレイマー）と言っても過言ではありません．

【古代メソポタミアの文字】

　一般に文字は絵文字から発展したものと信じられています．ところが，古代メソポタミアの場合，別の可能性が存在します．最近の学説によると，古代メソポタミアでは英語で「トークン」（token）と呼ばれる1～3センチの粘土片から文字が生まれたというのです．トークンというのは，粘土をちぎり，それを手のひらで球や円錐や円盤の形にしたものです．これまでに，東は現在のイランから西は地中海沿岸にいたる100以上の遺跡で数千を越えるトークンが発見されています．最古のトークンは紀元前8000年頃までさかのぼるといいます．紀元前4000～3500年頃の遺跡からは，表面に線や模様をつけたり，動物や物品をかたどったトークンも見つかっています．

　古代メソポタミアで文字の使用が始まるのは紀元前3300～3100年頃ですから，トークンが使われたのはまだ文字がなかった時代ということになります．トークンの発見により，古代オリエントの人々がまだ文字のない頃から粘土片を使って計算をしたり，税や商取引の記録をつけていたことが明らかになりました．言い換えれば，文字は紀元前4千年紀末に突然発明されたのではなく，古代オリエントの人々はまずトークンを使い始め，何千年もかけてそれを進化させ，最後にそれを平面上に再現することにより文字が生まれたと考えられます．

紀元前3300〜3100年頃にシュメール南部の町ウルクで用いられた文字は線画のような形状をしています．この絵文字は近隣へと普及するにつれて次第に楔形文字へと変化していきました．たとえば，「口」を表す文字は次のような変遷をとげています．

　線が楔に変わっていったのは，古代メソポタミアの筆記用具のためです．仮に紙の上に鉛筆で文字を書いていたら，このような変化は起こらなかったに違いありません．

　メソポタミア南部はティグリス河とユーフラテス河の沖積平野で，石を切り出す山がありません．また，降水量が少ないため，森林もありません．しかし，良質の粘土に恵まれていました．そのため，石や紙ではなく粘土に文字を書く文化が成立しました．はじめは粘土の表面を引っかくようにして絵文字を書いていました．しかし，粘土の表面をひっかくのは力もいりますし，時間もかかります．スタンプのように何かを押し付けたほうが楽に模様をつけることができます．文字を覚えた人たちはやがて葦の茎を切り，切り口を粘土に押し付けるようにして文字を書くようになりました．葦の切り口を粘土に押し付けると，はじめは太く次第に細くなる楔のような跡が粘土の上に残ります．ひとつひとつの楔は直線ですから，絵文字から楔形文字への変化は曲線を直線に置き換える変化と言ってもいいでしょう．

　それと並行して，いつくかの重要な変化が起こりました．まず，文字が90度回転しました．「口」の例から分かるように，楔形文字は絵文字をちょうど90度左回り（時計と逆回り）に回転させた形になっています．そのため，楔形文字を絵文字に置き換えると，頭や足や動物の絵は仰向けになってしまいます．これは，文字を書く方向が縦書きから横書きに変化したためだと考えられます．文字数も変化しました．ウルクの絵文字は約1200種類あると言われます．初期王朝時代になると文字数は約800に減少し，最終的には600以下にまで減ります．文字数が半分以下になった理由は2つ考えられます．ひとつは，曲線的な字形から直線の字画をもつ文字へと変化

するなかで，字形の統廃合が起こったからです．また，漢字のように単語ごとに別の文字（表語文字）を作っていくと膨大な数の文字が必要となりますが，この種の文字をかなやアルファベットのように音を表す文字（表音文字）として用い，表音文字で表記する単語を増やしていけば，文字数を減らすことができます．これらの変化は紀元前3千年紀末までには終わっていたと考えられます．

　メソポタミアで文字を発明したのはシュメール人だとよく言われますが，実は確たる証拠があるわけではありません．ウルクの絵文字を見れば，個々の文字が雄牛や鳥や人の頭をかたどっていることは分かります．しかし，それだけではその文字をどう読んでいたか，あるいはそもそも何語を表記した文字なのか分かりません．雄牛の絵文字は「gud」とシュメール語で読まれたのかもしれませんし，私たちの知らない別の言語で読まれたのかもしれません．けれども，表音文字で書かれた単語が増えると何語で書かれているかがはっきりしてきます．ウルクの絵文字を楔形文字へと発展させたのは間違いなくシュメール人だと言えます．

　それに対して，楔形文字を古代オリエント世界に普及させたのはアッカド人です．南メソポタミアの北部には紀元前3千年紀のはじめにセム系の人々が移り住んできましたが，そのなかでアッカド王朝をつくった人々をアッカド人と呼びます．アッカド王朝期の少し前からアッカド人は楔形文字で自らの言語を記し始めました．その際，アッカド人はシュメール文字をベースにして，これをアッカド語の表記に合うように改良していきました．この改良のおかげで楔形文字は基本的にどんな言語でも表記できる汎用性の高い文字となり，アッカド人，エラム人，ヒッタイト人，フリ人などが自らの言語をこの文字で記しています．また，アッカド語は古代オリエント世界で国際共通語の役割を果たしたため，エジプトやシリア・パレスチナでもアッカド語が読み書きされました．しかし，アケメネス朝ペルシアが古代オリエント世界を統一すると，帝国行政はアラム語によっておこなわれ，文字も22字からなるアラム文字が数百の文字をもつ楔形文字に取って代わりました．楔形文字は次第に忘れ去られていき，数百年のうちに完全に姿を消しました．

【略年表】古代オリエント史の流れと楔形文字

	年代	出来事	アナトリア	シリア	アッシリア	バビロニア	エラム
B.C.	4000	トークンが古代オリエント世界に普及					
	3500						
	3300	ウルクで絵文字の使用が始まる					
	3000	絵文字が南部メソポタミアに普及／縦書きから横書きへ／絵文字から楔形文字へ／文字数の減少				初期王朝時代	
	2500						
	2300	楔形文字でアッカド語を表記			アッカド王朝	アッカド王朝	
	2000				ウル第三王朝	ウル第三王朝	
	1800	楔形文字が古代オリエント世界に普及			古アッシリア	古バビロニア	
	1500		ヒッタイト	ミタンニ	中期アッシリア	中期バビロニア	
	1300	楔形アルファベット（ウガリト）					エラム
	1000				新アッシリア		
	500	古代ペルシア楔形文字				新バビロニア	メディア
			アケメネス朝ペルシア	アケメネス朝ペルシア	アケメネス朝ペルシア	アケメネス朝ペルシア	アケメネス朝ペルシア
A.D.	0						
	100	現存する最も新しい楔形文字文書					

15

楔形文字を
書いてみよう

1　楔形文字の特徴

　楔形文字で書かれた言語にはシュメール語，アッカド語，エラム語，ヒッタイト語，フリ語などがありますが，本書ではその中で最も広く用いられたアッカド語をもとに楔形文字の読み書きを学んでいきます．下の図1は楔形文字で書かれたアッカド語碑文の一例です．一目見て，模様のような美しさをもった文字に目を奪われます．文字に見えないという方もいるかもしれません．ところが，日本語を母語とする私たちにとって，これは意外な親近感を覚えずにはいられない文字なのです．詳しいことは後で説明しますが，楔形文字には漢字のように単語に置き換えて読む字と，かなのように音に置き換えて読む字があって，これらを漢字かな交じり文のように混ぜて用います．また，字の読み方には音読みと訓読みがあります．送りがなをふったりすることもあります．

【図1】新アッシリア帝国センナケリブ王の六角柱碑文　第2欄58~61行
（H. C. Rawlinson, *A Selection from the Historical Inscriptions of Chaldaea, Assyria and Babylonia*, London, 1861 より）

　楔形文字にはかなりの時代差・地域差が見られます．そのため，どれをもって標準的字体とするかが問題となりますが，専門家の間では最も字画の整った新アッシリア時代の字体を標準と見なします．本書で学ぶのもこの新アッシリア時代の字体です．楔形文字が成立した当初は，縦・横・斜めの楔をあらゆる向きで書いていましたが，時代が下るとともに楔の種類が整理され，新アッシリア時代の文字は縦

（↑），横（←），斜め（＼），ヴィンケルハーケンと呼ばれる＜，そしてまれに使われる逆向きの斜め（／）を含めた5種類の字画で文字が構成されるに至りました．

序章でも述べたように，文字の総数は時代とともに変化しましたが，図1の碑文が書かれたころには約500に落ち着きました．500という文字数は多いような，少ないような数です．ひらがなの十倍と考えるとずいぶん多いようにも思えますが，私たちが知っている漢字の数にくらべればたいした数ではありません．そのため，楔形文字はたしかにローマ字やひらがなのように1～2週間で覚えられる文字ではありませんが，漢字を日常的に読み書きしている私たちにとっては決して歯の立たない文字でもありません．

本書で扱うアッカド語の文書は基本的に横書きです．石碑や円筒印章の中には縦書きの碑文も見られますが，これはあくまでも例外です．横書きの場合，文字は左から右に書かれ，縦書きの場合，行は右から左に進みます．このことは私たちにとって当たり前のようですが，世界には右から左に文字を書く横書き文字（アラビア文字やヘブライ文字），行が左から右へと進む縦書き文字（蒙古文字など）も存在するので，日本語とアッカド語で文字を書く方向がこれほど見事に一致するのは実は驚くべきことです．

日本語とアッカド語の共通点は字を書く方向だけではありません．実は，楔形文字はローマ字よりもかなに近い文字なのです．かなは，ローマ字のように子音か母音を単独で書き表すのではなく，たとえば『カ』は「k」という子音＋「a」という母音を表し，『ミ』は「m」という子音＋「i」という母音を表します．例外もありますが，基本的には子音と母音をセットにして書き表します．楔形文字も同じです．たとえば，🏳は「m」という子音＋「a」という母音を表します．

日本語のかなには「子音＋母音」（「か」「さ」など）のほかに，母音のみ（「あ」「い」「う」など），子音のみ（「ん」）の文字があります．もちろん，楔形文字にもこれらのタイプの文字が存在します．さらに「母音＋子音」や「子音＋母音＋子音」という音の組み合わせを書き表す文字もあります．

2　まずこの57文字を覚えよう

　先に述べたように，楔形文字には約500の文字があります．これを一度に覚えるのは無理ですから，まずは「子音＋母音」と母音のみの57文字を覚えることにします．アッカド語の音のしくみは日本語と異なり，日本語に存在しない音もあるので，文字の読み方はカタカナとローマ字の両方で示します．

　これから覚える57文字を五十音風にまとめると次ページのようになります．五十音表のオ段が欠けているのは，アッカド語に「オ」という母音がないからです．ところどころに灰色の文字がありますが，これは同じ文字がすでに表の中に出ていることを示します．言い換えると，灰色の文字には複数の読みがあります．とくに ⌞⌝ には多くの読みがあるので，注意を要します．

【図2】古バビロニア時代の文字練習帳
表面（左）が手本で，裏面（右）が生徒による模写．
（C.B.F.Walker, *Cuneiform*, British Museum Press, 1987, p.34 より）

ア (a)	𒀀	イ (i)	𒀀	ウ (u)	𒌋	エ (e)	𒂊
カ (ka)		キ (ki)		ク (ku)		ケ (ke)	
ガ (ga)		ギ (gi)		グ (gu)		ゲ (ge)	
カ (qa)		キ (qi)		ク (qu)		ケ (qe)	
サ (sa)		スィ (si)		ス (su)		セ (se)	
ザ (za)		ズィ (zi)		ズ (zu)		ゼ (ze)	
ツァ (ṣa)		ツィ (ṣi)		ツ (ṣu)		ツェ (ṣe)	
シャ (ša)		シ (ši)		シュ (šu)		シェ (še)	
タ (ta)		ティ (ti)		トゥ (tu)		テ (te)	
ダ (da)		ディ (di)		ドゥ (du)		デ (de)	
タ (ṭa)		ティ (ṭi)		トゥ (ṭu)		テ (ṭe)	
ナ (na)		ニ (ni)		ヌ (nu)		ネ (ne)	
ハ (ha)		ヒ (hi)		フ (hu)		ヘ (he)	
バ (ba)		ビ (bi)		ブ (bu)		ベ (be)	
パ (pa)		ピ (pi)		プ (pu)		ペ (pe)	
マ (ma)		ミ (mi)		ム (mu)		メ (me)	
ヤ (ya)		イ (yi)		ユ (yu)		イェ (ye)	
ラ (ra)		リ (ri)		ル (ru)		レ (re)	
ラ (la)		リ (li)		ル (lu)		レ (le)	
ワ (wa)		ウィ (wi)		ウ (wu)		ウェ (we)	

■■

◇コラム　アッカド語の翻字［その1］

　アッカド語は古代の言語です．万葉集の和歌を当時の人がどんなふうに発音していたかが正確には分からないのと同じように，楔形文字が実際にどう発音されていたかもよく分かりません．しかし，アラビア語やヘブライ語をはじめとする姉妹言語と比較することにより，およその発音が推定できます．この発音を現代の専門家は文字単位でローマ字に置き換えます．これを翻字と言います．アッカド語にはローマ字だけでは表現できない音があるため，アッカド語の翻字には次のような特殊記号を使います．

ṣ　本来は息をとめたまま出す「s」と考えられますが，現代の専門家は「ts」（ツァ行音）と読みます．

š　本来の発音については諸説ありますが，現代の専門家は「sh」（シャ行音）と読みます．

ṭ　本来は息をとめたまま出す「t」と考えられますが，現代の専門家は「t」と同じに発音します．

q　本来は息をとめたまま出す「k」と考えられますが，現代の専門家は「k」と同じに発音します．

'　息をとめる音（無音）．日本語でも「あー」とのばさずに「あっ」と発音すると息が一度とまりますが，この息の停止が ' の発音です．

　また，母音に「 ¯ 」（横棒），「 ˆ 」（山形）がつくと，長母音を示します．横棒と山形の違いはこの段階ではとくに気にする必要はありません．

■■

以下，粘土か紙の上に書き取りをしながら，これらの文字を覚えていきましょう．粘土に刻む場合，油粘土と断面が半円形になった工作用の木材を用意します［写真1］．適当な木材がない場合は，断面の丸い鉛筆を用意し，削ってない方の先端を断面が半円形になるようにナイフで削って使います．半円を縦にして，弧と直径が作る鋭角を粘土の表面にあてると縦（𒀸），横（𒁹），斜め（𒀹）の楔を刻むことができます［写真2］．半円の弧を上にして筆をねかせ直径と軸が作る直角を粘土にあてるとヴィンケルハーケン（𒀸）を刻むことができます［写真3］．斜めの楔とヴィンケルハーケンの書き分けが難しいかもしれませんが，実際の粘土板でも見分けがつかないことがあるので，気楽に書いてみましょう．

写真1

写真2

写真3

紙に書く場合は，文字の輪郭を描きます．灰色で印刷した文字の輪郭をなぞって練習しましょう．

では，各文字について単語例を紹介します．それぞれ楔形文字，カタカナで示した読み，和訳を提示します．なお，カタカナ表記には長音（ー）やつまる音（「ッ」）がありますが，これらに相当する楔形文字はありません（詳しくは，45ページで説明します）．アッカド語を書いた人たちは長音やつまる音をあまり気にしていなかったようですが，現代の学者はアッカド語の音の仕組みを研究したり，姉妹言語と比較することにより，長音やつまる音を復元しています．本書はそれを参考に，復元された長音とつまる音をそれぞれを「ー」と「ッ」で示すことにします．

ア(a)

 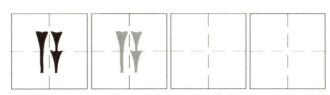

単語例: （アナーク）「私」　　（アブーブ）「洪水」
a - na - ku　　　　　　　　　　a - bu - bu

イ(i)

単語例: （イーヌ）「目」　　（イル）「神」
i - nu　　　　　　　　　　　　i - lu

ウ(u)

単語例: （ウ）「そして, …と, …て」　（ウーム）「日」
u　　　　　　　　　　　　　　　　　　u-mu

エ(e)

単語例: （エム）「義父」　　（エリ）「…の上に, …に対して」
e - mu　　　　　　　　　　e - li

カ (ka)

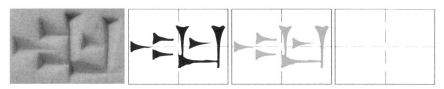

単語例： (カラーヌ)「ワイン，ぶどう」
ka - ra - nu

(カシューシュ)「武器」
ka - šu - šu

キ (ki) ／ ケ (ke)

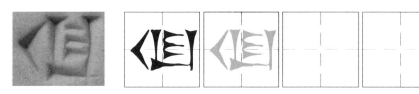

* この文字は文脈によって「キ」とも「ケ」とも読めます．

単語例： (キーマ)「…のような」
ki-ma

(ケーナ)「はい」
ke - na

ク (ku)

 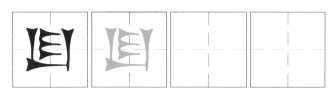

単語例： (クヌック)「印章」
ku- nu -ku

(クヌーシ)「あなたたち」
ku- nu - ši

ガ (ga)

単語例： ▷𒈠𒇻 （ガマール）「終える」
ga - ma - ru

▷𒆷𒁍 （ガッラーブ）「床屋」
ga - la - bu

ギ (gi) ／ ゲ (ge)

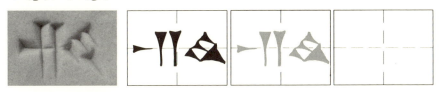

＊この文字は文脈によって「ギ」とも「ゲ」とも読めます.

単語例： ▷𒈾𒀀 （ギナー）「常に」
gi - na - a

▷𒊑 （ゲールー）「敵」
ge - ru

グ (gu)

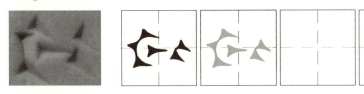

単語例： 𒄖𒋗𒊒 （グシュール）「丸太」
gu - šu - ru

𒈾𒄖𒌑 （ナグー）「地域」
na - gu - u

カ (qa)

 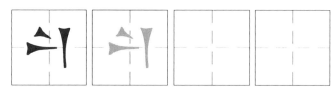

* qは息をとめたまま出す「k」ですが，便宜上「k」と同じに発音します．

単語例：　（カドゥ）「...とともに」　　（カートゥ）「手」
　　　　　qa - du　　　　　　　　　　　　　　qa - tu

キ (qi) ／ ケ (qe)

 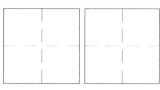

* この文字は文脈によって「キ」とも「ケ」とも読めます．qは息をとめたまま出す「k」ですが，便宜上「k」と同じに発音します．

単語例：　（ケーム）「小麦粉」
　　　　　qe - mu

　　　　　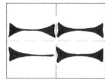（キビートゥ）「ことば，命令」
　　　　　qi - bi - tu

ク (qu)

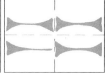 

* qは息をとめたまま出す「k」ですが，便宜上「k」と同じに発音します．

単語例：　（クラードゥ）「英雄」
　　　　　qu - ra - du

　　　　　（クー）「容量の単位（約1リットル）」
　　　　　qu - u

サ(sa)

単語例：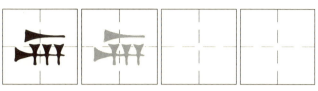

(サマーニ)「8」
sa-ma-ni

(サッル)「偽りの」
sa-ru

スィ(si)／セ(se)

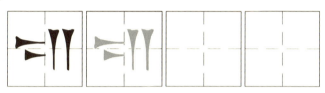

＊この文字は文脈によって「スィ」とも「セ」とも読めます.「シ」ではありません.注意しましょう.

単語例： (スィースー)「馬」
si - su - u

(セベ)「7」
se - be

ス(su)

単語例： (スーヌ)「腰」
su - nu

(スーク)「通り」
su - qu

ザ(za)／ツァ(ṣa)

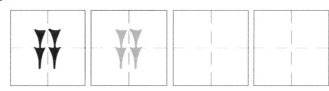

* この文字は文脈によって「ザ」とも「ツァ」とも読めます．ṣは息をとめたまま出す「s」ですが，便宜上「ts」と発音します．

単語例： (ザマール)「歌う」　(ツァーブ)「人々，軍隊」
za-ma-ru　　　　　　　　　ṣa - bu

ズィ(zi)／ゼ(ze)

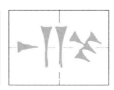

* この文字は文脈によって「ズィ」とも「ゼ」とも読めます．「ジ」ではありません．注意しましょう．

単語例： (ズィカル)「男」
zi - ka - ru

(ゼール)「種」
ze - e - ru

ズ(zu)

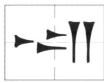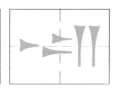

単語例： (ズンヌ)「雨」　(ズッブ)「ハエ」
zu - nu　　　　　　zu - bu

ツィ(ṣi)／ツェ(ṣe)

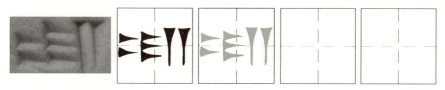

* この文字は文脈によって「ツィ」とも「ツェ」とも読めます．ṣは息をとめたまま出す「s」ですが，便宜上「ts」と発音します．

単語例：  （ツィール）「最上の」
ṣi - i - ru

 （ツェール）「背中」
ṣe - e - ru

ツ(ṣu)

* ṣは息をとめたまま出す「s」ですが，便宜上「ts」と発音します．

単語例：  （ツハール）「少年」
ṣu - ha - ru

 （ツバートゥ）「衣」
ṣu - ba - tu

シャ(ša)

*šは「sh」（シャ行音）と発音します．

単語例： 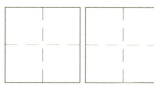 （シャ）「…の」 （シャドゥー）「山」
ša   ša - du - u

シ (ši)

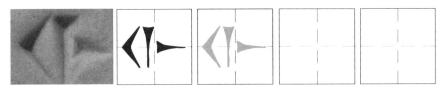

*šは「sh」(シャ行音)と発音します.

単語例： 𒅆𒈾 (シナ)「2」　𒅆𒀳 (シーブ)「長老」
　　　　 ši - na　　　　　　ši - bu

シュ (šu)

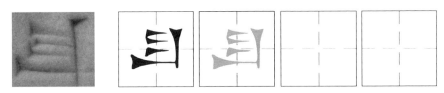

*šは「sh」(シャ行音)と発音します.

単語例： 𒋗𒉡 (シュヌ)「彼ら」　𒋗 (シュ)「彼の」(接尾辞)
　　　　 šu-nu　　　　　　　 šu

シェ (še)

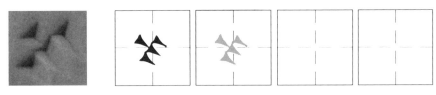

*šは「sh」(シャ行音)と発音します.

単語例： 𒊺𒁍 (シェープ)「足」　𒊺𒁁𒊒 (シェベール)「壊す」
　　　　 še-pu　　　　　　　　še- be - ru

タ (ta)

 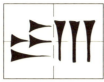 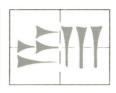 

単語例： 　（タラーツ）「のばす」
　　　　　ta - ra - ṣu

　　　　　（ターハーズ）「戦い」
　　　　　ta - ha - zu

ティ (ti)

＊「チ」ではありません．注意しましょう．

単語例：　　（ティシ）「9」　　（ティヌール）「かまど」
　　　　　ti - ši　　　　　　　ti - nu - ru

トゥ (tu)

＊「ツ」ではありません．注意しましょう．

単語例：　　（トゥーアム）「双子」
　　　　　tu - a - mu

　　　　　（シュートゥ）「南（風）」
　　　　　šu - tu

テ (te)

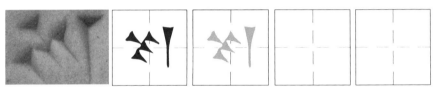

単語例： （テンメーヌ）「礎石」
te- me -nu

（テブー）「立ち上がる」
te - bu - u

ダ (da) ／ タ (ṭa)

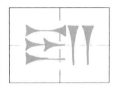

＊この文字は文脈によって「ダ」とも「タ」とも読めます．

単語例： （ダンヌ）「強い」　　（ターブ）「よい」
da - nu　　　　　　　　　　　ṭa - a - bu

ディ (di) ／ デ (de) ／ ティ (ṭi) ／ テ (ṭe)

＊この文字は文脈によって「ディ」「デ」「ティ」「テ」と読めます．

単語例： （ディーヌ）「判決，訴訟」
di - nu

（テーム）「指示，報告」
ṭe - e - mu

ドゥ (du)

*「ヅ」ではありません．注意しましょう．

単語例：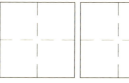
du - ru （ドゥール）「城壁」　　du -u- du （ドゥードゥ）「鍋」

トゥ (ṭu)

*ṭは息をとめたまま出す「t」ですが，便宜上「t」と同じに発音します．「ツ」ではありません．注意しましょう．

単語例： （トゥーブ）「善，幸」
ṭu - bu

（バラートゥ）「生命」
ba - la - ṭu

ナ (na)

単語例： （ナール）「川」
na - ru

（ナラーム）「愛される者」
na - ra - mu

35

ニ (ni)

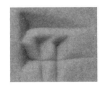

単語例：  （ニーヌ）「私たち」
ni - nu

 （ニシュ）「人々」
ni - šu

ヌ (nu)

単語例： （ヌール）「光」
nu - ru

（アヌ）「アヌ」(神名)
a - nu

ネ (ne)

単語例： （ネール）「600」
ne - ru

（ネーシュ）「ライオン」
ne - šu

ハ (ha)

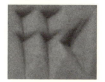

単語例：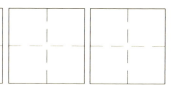

（ハッラーヌ）「道，遠征」
ha - ra - nu

（ハタヌ）「婿」
ha - ta - nu

ヒ (hi) ／ ヘ (he)

＊この文字は文脈によって「ヒ」とも「ヘ」とも読めます．

単語例： （ヒアール）「選ぶ」
hi - a - ru

（ヘプー）「壊す」
he - pu - u

フ (hu)

単語例： （フラーツ）「金」
hu - ra - ṣu

（フブッル）「負債」
hu - bu - lu

バ (ba)

単語例：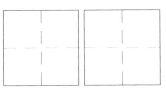

（バーブ）「門」
ba - bu

（バラートゥ）「生命」
ba - la - ṭu

ビ (bi)

単語例：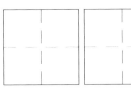

（ビーシュ）「持ち物」
bi - šu

（ビール）「占い」
bi - ru

ブ (bu) ／ プ (pu)

＊この文字は文脈によって「ブ」とも「プ」とも読めます．

単語例： （ブーブートゥ）「飢え」
bu - bu - tu

（プーフ）「代わり」
pu - hu

ベ (be)

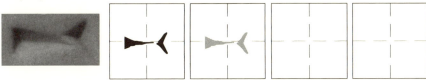

単語例： ⊢𒑊 （ベール）「主人」
be - lu

⊢𒀉 （ベール）「ベール(距離の単位：約10キロメートル)」
be - ru

パ (pa)

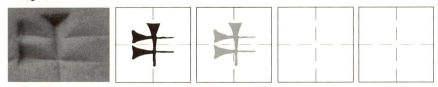

単語例： 𒉺 𒉡 （パーヌ）「顔」
pa - nu

𒉺 𒋗 𒊒 （パッシュル）「テーブル」
pa - šu - ru

ピ (pi) ／ ペ (pe)
ヤ (ya) ／ イ (yi) ／ ユ (yu) ／ イェ (ye)
ワ (wa) ／ ウィ (wi) ／ ウ (wu) ／ ウェ (we)

*この文字は文脈によって「ピ」「ペ」「ヤ」「イ」「ユ」「イェ」「ワ」「ウィ」「ウ」「ウェ」と読むことができます.「ヤ」は 𒅀 と書くこともできます.

単語例： 𒉿 𒄿 𒄷 （ピーフ）「ジョッキ」
pi - i - hu

𒉿 𒋫 𒊒 （ワタール）「多くなる，秀でる」
wa - ta - ru

マ (ma)

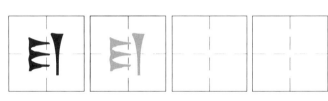

単語例： 𒈠𒊒 （マール）「息子」
ma- ru

𒈠𒈪𒌅 （マーミートゥ）「誓い」
ma -mi - tu

ミ (mi)

単語例： 𒈪𒉡 （ミーヌ）「何」
mi - nu

𒈪𒊮𒊒 （ミーシャル）「正義」
mi - ša - ru

ム (mu)

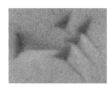

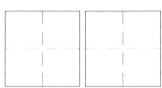

単語例： 𒈬𒌅 （ムトゥ）「夫」
mu - tu

𒈬𒋢 （ムーツー）「出口」
mu - ṣu

メ (me)

単語例： 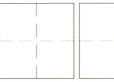 （メー）「水の，水を」
me - e

　　　　　 （メーレシュ）「耕地」
me - re -šu

ヤ (ia)

＊これは「イ」と「ア」の合字です．「ヤ」は と書くこともできます．

単語例： （ヤーヌ）「ない」
ia - nu

　　　　　 （ヤーシ）「私に」
ia - ši

ラ (ra)

単語例：  （ラーム）「愛する」
ra - a -mu

　　　　　  （ラマーヌ）「…自身」
ra - ma-nu

リ(ri)／レ(re)

  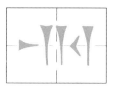 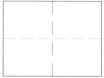

＊この文字は文脈によって「リ」とも「レ」とも読めます．

単語例： （リーム）「野牛」
ri - mu

（レーシュ）「頭」
re - šu

ル(ru)

単語例： （ルーク）「遠い」
ru - u - qu

（ルーア）「我が友」
ru - a

ラ(la)

単語例： （ラー）「...ない」
la - a

（ラビール）「古い」
la - bi - ru

リ(li)／レ(le)

 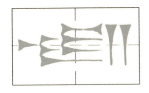 

＊この文字は文脈によって「リ」とも「レ」とも読めます．

単語例：  （リシャーヌ）「舌」
li - ša - nu

 （レートゥ）「頬」
le - tu

ル(lu)

単語例： 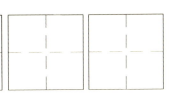 （ルー）「確かに，きっと」
lu

（ルバール）「衣服」
lu - ba - ru

問題 1

前のページまでに出てきた単語例です．文字と読みを線で結んでみましょう．

- ・　　　　　　　　　・　a-na-ku（アナーク）「私」

- ・　　　　　　　　　・　ha-ra-nu（ハッラーヌ）「道，遠征」

- ・　　　　　　　　　・　si-su-u（スィースー）「馬」

- ・　　　　　　　　　・　še-pu（シェープ）「足」

- ・　　　　　　　　　・　ti-ši（ティシ）「9」

- ・　　　　　　　　　・　za-ma-ru（ザマール）「歌う」

問題 2　前のページまでに出てきた単語例を書いてみましょう．

1　i-lu（イル）「神」　_____

2　u-mu（ウーム）「日」　_____

3　ṭa-a-bu（タープ）「よい」　_____

4　ka-ra-nu（カラーヌ）「ワイン，ぶどう」　_____

5　mi-ša-ru（ミーシャル）「正義」　_____

3 楔形文字で名前を書いてみよう［その１］

　ここまで見てきた文字を使って名前を書いてみましょう．とはいえ，先に述べたように，日本語には楔形文字でうまく書き表せない音があります．たとえば，「オ段」の文字がないので，「ようこ」は書けません．また，日本語の拗音（小さい「ャ」「ュ」「ョ」の付く音）にあたるものも少なく，「きょうこ」も書けません．これらの名前を楔形文字で書くには，多少ごまかして書くしかありません．では，ごまかし方のコツをいくつか紹介しましょう．

① 「オ段」は「ウ段」で代用します．例えば，「よしこ」は「ゆしく」 ⟨楔形⟩ （yu-ši-ku）と書きます．

② 単語例を見れば分かるように，楔形文字は母音の長短を書き分けません．ですから，「にいがた」は単に ⟨楔形⟩ （ni-ga-ta）と書けばいいのですが，長母音であることを強調したければ， ⟨楔形⟩ （ni-i-ga-ta）と母音を書き添えてもかまいません．

③ 「シャ」「シュ」「シェ」以外の拗音を表す文字はないので，たとえば「キャ」「キュ」は「キア」⟨楔形⟩，「キウ」⟨楔形⟩と書くことにします．「キョ」は①と②の両方が当てはまるので，「キウ」⟨楔形⟩と分けて書きます．例えば，「きょうこ」は「きうく」⟨楔形⟩（ki-u-ku）と書きます．

④ 「チ」は ⟨楔形⟩ （ti）で，「ジ」「ヂ」は ⟨楔形⟩ （zi）で代用します．例えば，「つちうら」は「つてぃうら」⟨楔形⟩（ṣu-ti-u-ra）と書くことにします．

⑤ 新田「にった」のように「ッ」（つまる音）を含む名前はどう書いたらいいでしょうか．楔形文字の場合，子音の重ね書きは任意なので， ⟨楔形⟩ （ni-ta）と書いても「にった」と読むことが可能です．

⑥ 今までに習った文字では「ン」（はねる音）はまだ書けません．本田さんや神田さんはもう少しお待ちください．

ちなみに，私たちも外国語の名前をカタカナで書くときに似たようなごまかしをしています．たとえば，Louis という名前をカタカナで書くと「ルイス」(ru-i-su) となりますが，L を「ラ行音」でごまかし，語末の s を「ス」(su) でごまかしています．ある言語の固有名詞を別の言語の文字で書くにはしばしばこの種の工夫が必要になります．これはやむを得ないことであって，失礼なことではありません．

楔形文字による五十音表

ア	𒀀	イ	𒄿	ウ	𒌋	エ	𒂊	(オ	𒌋)
カ		キ		ク		ケ		(コ	)
サ		シ		ス		セ		(ソ	)
タ		(チ	)	ツ		テ		(ト	)
ナ		ニ		ヌ		ネ		(ノ	)
ハ		ヒ		フ		ヘ		(ホ	)
マ		ミ		ム		メ		(モ	)
ヤ				ユ				(ヨ	)
ラ		リ		ル		レ		(ロ	)
ワ								(ヲ	)

ガ	𒂵	ギ	𒄀	グ	𒄖	ゲ	𒄄	ゴ	𒄖
ザ		(ジ)		ズ		ゼ		(ゾ)	
ダ		(ヂ)		(ヅ)		デ		ド	
バ		ビ		ブ		ベ		(ボ)	
パ		ピ		プ		ペ		(ポ)	

(キャ)		(キュ)		(キョ)	
(ギャ)		(ギュ)		(ギョ)	
シャ		シュ		(ショ)	
(ジャ)		(ジュ)		(ジョ)	
(チャ)		(チュ)		(チョ)	
(ニャ)		(ニュ)		(ニョ)	
(ヒャ)		(ヒュ)		(ヒョ)	
(ビャ)		(ビュ)		(ビョ)	
(ピャ)		(ピュ)		(ピョ)	
(ミャ)		(ミュ)		(ミョ)	
(リャ)		(リュ)		(リョ)	

では，46-47ページの五十音表を参考に，自分や友人の名前，あるいは有名人の名前を楔形文字で書いてみましょう．①②は参考例です．③④は有名なスポーツ選手の名前です．当ててみてください．⑤には，自分の名前を書いてみましょう．

① さかね　ようこ

② たなか　まさみ

③ ＿＿＿＿＿＿＿

④ ＿＿＿＿＿＿＿

⑤ ＿＿＿＿＿＿＿　＿＿＿＿＿＿＿＿＿＿＿＿＿＿＿＿

名前がうまく書けたら，日本の地名を楔形文字で書いてみましょう．

① あおもり

② ほっかいどう　＿＿＿＿＿＿＿＿＿＿＿＿＿＿＿＿

③ ながさき　＿＿＿＿＿＿＿＿＿＿＿＿＿＿＿＿＿＿

④ しずおか　＿＿＿＿＿＿＿＿＿＿＿＿＿＿＿＿＿＿

⑤ あいち　＿＿＿＿＿＿＿＿＿＿＿＿＿＿＿＿＿＿＿

⑥ きゅうしゅう　＿＿＿＿＿＿＿＿＿＿＿＿＿＿＿

[上の練習の答え] ③松井秀喜　④福原愛　[下の練習の答え] ②～　③～　④～　⑤～　⑥～

4　こんな文字も覚えよう

　楔形文字には「母音＋子音」という音の組み合わせを示す字も存在します．この文字はどのように使われるのでしょうか．

　「母音＋子音」タイプの文字に続けて同じ子音をもつ「子音＋母音」タイプの文字を書くと，同じ子音が2つあることを意味します．一方，「子音＋母音」タイプの文字に続けて同じ母音をもつ「母音＋子音」タイプの文字を書いた場合，「母音＋子音」の母音はつなぎにすぎません．同じ母音が2度書いてあるように見えますが，それによって母音の長さが変わることはありません．たとえば，〈|━ 𒌍 𒑱 は ši-in-nu と書いて šinnu「歯」と読み，𒍪𒌦𒉡 は zu-un-nu と書いて zunnu「雨」と読みます．言い換えるなら，「母音＋子音」タイプの文字は，直前の母音の長さを変えずに，直後の子音を重ね書きする文字なのです．

　「母音＋子音」タイプの文字の用途はそれだけではありません．アッカド語には，日本語にない音の組み合わせがいろいろあります．たとえば，imhur という語があります．このように，語中に子音が連続して現れたり（-mh-），語末に子音が現れたり（-r）します．かなではイムフル（imuhuru）と母音を補わないと表記できないところですが，楔形文字には「母音＋子音」タイプの 𒅎 (im) や 𒌨 (ur) があるため，𒅎𒄷𒌨 (im-hu-ur) と書き表すことができます．次のページに「母音＋子音」タイプの文字の一覧表を示します．

　楔形文字にはさらに「子音＋母音＋子音」という音の組み合わせを示す字も存在します．たとえば，アッカド語で「王」のことを šarru と言います．この単語は今までに覚えた字を使って，𒊭𒅈𒊒 (ša-ar-ru) ないしは 𒊭𒊒 (ša-ru) と書き表すことができますが，同じ単語を「子音＋母音＋子音」タイプの文字を使って，𒊬𒊒 (šar-ru) と書くことも可能です．「子音＋母音＋子音」タイプの文字は 𒊭𒅈𒊒 (ša-ar-ru) より少ない字数で子音の重なりが明示できるので，

非常に便利な文字です．古い時代には「子音＋母音＋子音」タイプの文字はあまり使われませんが，時代が下るとこのタイプの文字が目立つようになります．

「母音＋子音」一覧

ak		ik		uk		ek	
ag		ig		ug		eg	
aq		iq		uq		eq	
as		is		us		es	
az		iz		uz		ez	
aṣ		iṣ		uṣ		eṣ	
aš		iš		uš		eš	
at		it		ut		et	
ad		id		ud		ed	
aṭ		iṭ		uṭ		eṭ	
an		in		un		en	
ah		ih		uh		eh	
ab		ib		ub		eb	
ap		ip		up		ep	
am		im		um		em	
ar		ir		ur		er	
al		il		ul		el	

50

「子音＋母音＋子音」タイプの文字は，文書の時代やジャンルによって偏りがあるので，実際にアッカド語の資料を読みながら出てきたものを覚えてゆくのがいいと思います．とりあえず，比較的よく使われる「子音＋母音＋子音」タイプの読みをもつ文字を13個だけ覚えることにしましょう．このうち 𒅆 lim (= ši)，𒊑 tal (= ri) の２つは既に覚えた文字です．

𒂍	bit	𒆗	dan	𒃶	gan	𒅆	lim (= ši)
𒈝	lum	𒈥	mar	𒈦	maš	𒉏	nim
𒊬	šar	𒋳	šum	𒋩	šur	𒊑	tal (= ri)
𒌈	tum						

では次のページから，新しく出てきた文字を書き写しながら，覚えてゆきましょう．

ag / ak / aq

＊qは息をとめたまま出す「k」ですが，便宜上「k」と同じに発音します．

単語例： 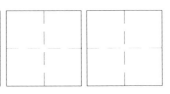（アッカドゥー）「アッカド語，アッカドの」
　　　　　ak - ka - du - u

ig / ik / iq / eg / ek / eq

＊qは息をとめたまま出す「k」ですが，便宜上「k」と同じに発音します．

単語例： （イグル）「賃金，賃料」　　（エクル）「畑」
　　　　　ig - ru　　　　　　　　　　　　　　　　eq - lu

ug / uk / uq

＊qは息をとめたまま出す「k」ですが，便宜上「k」と同じに発音します．

単語例： （ウクヌー）「ラピスラズリ」
　　　　　uq - nu - u

　　　　　（ウグバブトゥ）「女神官」
　　　　　ug - ba - ab - tu

as / aṣ / az

  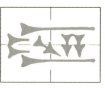 

*ṣは息をとめたまま出す「s」ですが，便宜上「ts」と同じに発音します．

単語例： （アッスッリ）「たぶん」
as - su - ur - ri

is / iṣ / iz / es / eṣ / ez

*ṣは息をとめたまま出す「s」ですが，便宜上「ts」と同じに発音します．

単語例： （イッツーリ）「鳥の」
iṣ - ṣu - ri

（シズブ）「ミルク」
ši - iz - bu

us / uṣ / uz

*ṣは息をとめたまま出す「s」ですが，便宜上「ts」と同じに発音します．

単語例： （ウズヌ）「耳」
uz - nu

（クッスー）「椅子，玉座」
ku - us - su

aš

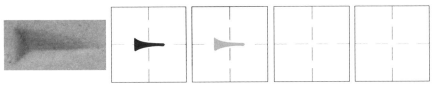

*šは「sh」(シャ行音)と発音します.

単語例： ▶ 彐 (アッシュ)「...のために, ...について」
　　　　aš - šu

　　　　▶ ⋘ (アシュル)「場所」
　　　　aš - ru

iš

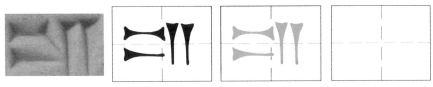

*šは「sh」(シャ行音)と発音します.

単語例： (イシュトゥ)「...から」
　　　　iš - tu

　　　　(イシュハラ)「イシュハラ (神名)」
　　　　iš - ha - ra

uš

*šは「sh」(シャ行音)と発音します.

単語例： (ウッシュ)「基礎」
　　　　uš - šu

　　　　(ムシュケーヌ)「一般市民」
　　　　mu - uš - ke - nu

eš

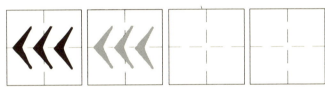

*šは「sh」（シャ行音）と発音します．

単語例： （エシュラー）「20」
eš - ra - a

（エッシュ）「新しい」
eš - šu

ad / at / aṭ

*ṭは息をとめたまま出す「t」ですが，便宜上「t」と同じに発音します．

単語例： （アットゥヌ）「あなたたち」
at - tu -nu

（アッドゥ）「アダド（神名）」
ad - du

id / it / iṭ / ed / et / eṭ

*ṭは息をとめたまま出す「t」ですが，便宜上「t」と同じに発音します．

単語例： （イッティ）「... とともに」
it - ti

（エトル）「青年」
eṭ - lu

ud / ut / uṭ

*ṭは息をとめたまま出す「t」ですが，便宜上「t」と同じに発音します．

単語例： （ウッドゥシュ）「新しくする」
ud-du-šu

（シュットゥ）「夢」
šu - ut - tu

an

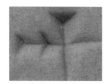

単語例： （アンヌー）「これ」
an -nu-u

（ダンヌ）「強い」
da - an -nu

in

  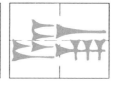 

単語例： （インブ）「果物」
in - bu

（イーンシュ）「彼の目」
i - in - šu

un

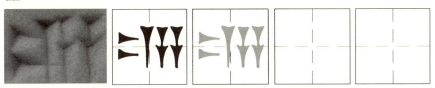

単語例: ⊨𒀭 𒀭 （ウンク）「指輪」　　⊨𒀭 ⊨𒀭 ⊬ （ズンヌ）「雨」
　　　　un - qu 　　　　　　　　　　　zu - un - nu

en

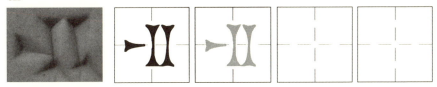

単語例: ⊢𒀭 𒀭 （エンシュ）「弱い」
　　　　en - šu

　　　　⊨𒀭 ⊢𒀭 ⊢𒀭 （イシュテーン）「1（数字）」
　　　　iš - te - en

ah / ih / uh / eh

*「アハ，イヒ，ウフ，エヘ」とhは強めに発音します．

単語例: 𒄴 ⊢ 𒀭 𒀭 （アッフー）「兄弟たち」
　　　　ah - hu - u

　　　　𒀫 𒄴 ⊢ 𒀭 （ムッフ）「脳天」
　　　　mu - uh - hu

ab / ap

 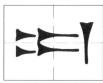 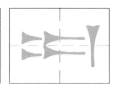 

単語例：  （アブヌ）「石」
ab - nu

（アッパール）「沼地」
ap - pa - ru

ib / ip / eb / ep

  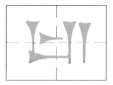 

単語例： （イブル）「友」
ib - ru

（エブラ）「エブラ（地名）」
eb - la

ub / up

単語例： （グブラ）「ビブロス（地名）」
gu - ub - la

am

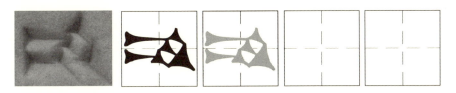

単語例： ꤘꤘꤘ （アンマトゥ）「キュービット（長さの単位）」
　　　　am -ma- tu

im / em

単語例： ꤘꤘꤘ （インメル）「羊」
　　　　im - me - ru

　　　　ꤘꤘꤘ （エンム）「熱い」
　　　　em - mu

um

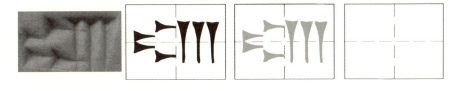

単語例： ꤘꤘꤘ （ウンム）「母親」
　　　　um - mu

ar

単語例： （アルヒシュ）「急いで」
ar - hi - iš

（アルヌ）「罪」
ar - nu

ir / er

単語例： （イルトゥ）「胸」
ir - tu

（エルツェトゥ）「土地，大地」
er - ṣe - tu

ur

単語例： （ウッラ）「明日」　　（ウルシュ）「寝室」
ur - ra   ur - šu

al

単語例： 𒀠𒁍 （アルプ）「雄牛」
　　　　　al - pu

il

単語例： 𒅋𒌅 （イルトゥ）「女神」
　　　　　il - tu

　　　　　𒅋𒆪 （イルク）「労働奉仕」
　　　　　il - ku

ul

単語例： 𒌌 （ウル）「…ない」
　　　　　ul

　　　　　𒌌𒇻𒌑 （ウッルー）「あれ」
　　　　　ul - lu - u

el

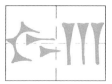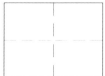

単語例：  （エッル）「純粋な，清い」
　　　　el - lu

bit

単語例： 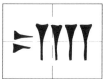 （ビトク）「水路」
　　　　bit - qu

dan

単語例： （ダンヌ）「強い」
　　　　dan-nu

　　　　（ダンナトゥ）「飢饉，要塞」
　　　　dan - na - tu

gan

単語例： （ダガン）「ダガン（神名）」
　　　　da - gan

lim

*シ (ši) と同じ文字です.

単語例： 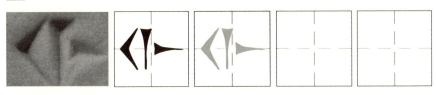 (リンム)「リンム(職名)」
lim-mu

(アウィーリム)「人の」(古い語形)
a - wi - lim

lum

単語例： 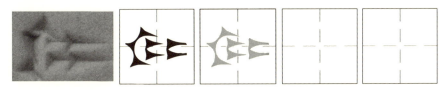 (ルムヌ)「悪」
lum-nu

(アウィールム)「人が」(古い語形)
a - wi - lum

mar

単語例： 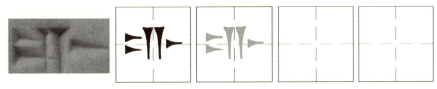 (マールトゥ)「娘」
mar - tu

(マッラトゥ)「海」
mar - ra - tu

maš

 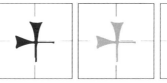 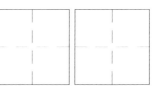

*šは「sh」(シャ行音) と発音します.

単語例：　　　　　（マシュカヌ）「脱穀場」
　　　　　maš - ka - nu

　　　　　　　（マシュル）「半分」
　　　　　maš-lu

nim

単語例：　　　　　（ニムル）「ヒョウ (動物)」
　　　　　nim - ru

　　　　　　　（アニム）「アヌ (神名) の」(古い語形)
　　　　　a - nim

šar

*šは「sh」(シャ行音) と発音します.

単語例：　　　　　（シャッル）「王」
　　　　　šar - ru

　　　　　　　　　（シャッラトゥ）「女王」
　　　　　šar - ra - tu

šum

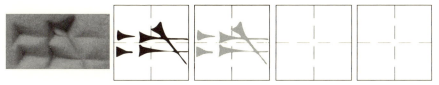

*šは「sh」(シャ行音)と発音します.

単語例： （シュンマ）「もし」
šum-ma

（アッシュム）「…に関して」
aš-šum

šur

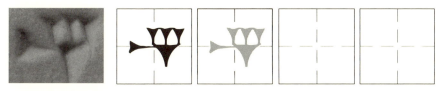

*šは「sh」(シャ行音)と発音します.

単語例： （シュルシュ）「根」
šur-šu

（アッシュル）「アッシュル(地名, 神名)」
aš-šur

tal

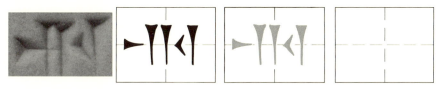

*リ(ri)と同じ文字です.

単語例： （タルミードゥ）「弟子」
tal - mi - du

tum

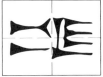   

単語例： ▭▭▭ （シャッラトゥム）「女王が」（古い語形）
　　　　šar - ra - tum

問題　これまでに出てきた単語例です．文字と読みを線で結んでみましょう．

　　　　▭　　・　　　　　　　・　ak-ka-du-u 「アッカド語」

　　　　▭　　・　　　　　　　・　at-tu-nu 「あなたたち」

　　　　▭　　・　　　　　　　・　iṣ-ṣu-ri 「鳥の」

　　　　▭　　・　　　　　　　・　ap-pa-ru 「沼地」

　　　　▭　　・　　　　　　　・　um-mu 「母親」

　　　　▭　　・　　　　　　　・　a-wi-lum 「人が」（古い語形）

5　楔形文字で名前を書いてみよう［その2］

　新しく覚えた文字を使うと,「ン」を含む名前が書けます．また,「ッ」(つまる音)を明記することもできます．

① 楔形文字には「ン」(はねる音)を表す文字が4つあります．「ア段」の文字に続けて「ン」を書く場合は ⟦ア_ン⟧,「イ段」の文字に続けて「ン」を書く場合は ⟦イ_ン⟧,「ウ段」の文字に続けて「ン」を書く場合は ⟦ウ_ン⟧,「エ段」の文字に続けて「ン」を書く場合は ⟦エ_ン⟧ と書きます．

　　例：かんだ　→　⟦ka-an-da⟧　(ka-an-da)

② その1（45ページ）では,「ッ」(つまる音)は無視して,たとえば新田「にった」は ⟦ni-ta⟧ (ni-ta) と書きました．新しく覚えた文字を使うと,楔形文字でも「母音＋子音」タイプの文字を使って子音を重ね書きすることができます．

　　例：にった　→　⟦ni-it-ta⟧　(ni-it-ta)

　羽田（はた）ではなく八田（はった）であることを明記するには「母音＋子音」タイプの文字を使うと便利です．

　では,「ン」(はねる音)や「ッ」(つまる音)を含んだ人名や地名を書いてみましょう．①は参考例です．

① いけだ　かりん　　⟦i-ke-da ka-ri-in⟧

② さっぽろ　　　　　_____

③ ぐんま　　　　　　_____

④ ろっぽんぎ　　　　_____

　　　［練習の答え］② ⟦sa-ap-po-ro⟧　③ ⟦gu-un-ma⟧　④ ⟦ro-op-po-on-gi⟧

6　同じ音でもつづりが変わるもの（同音異字）

　かなでは「オ」と読む文字が2つあります．『お』と『を』です．後者を「ウォ」と発音して区別する人もいますが，『お』と『を』を読み分けない人も多いはずです．この場合，『お』と『を』は同音異字となります．すなわち，『お』と『を』は，字は異なっても同じ音を表す文字です．楔形文字には同音異字がたくさんあります．よく使うものを次のページにまとめてみました（カッコ内は既習の読み方）．

　なお，専門家の間では楔形文字の同音異字に番号をつけて区別するのが慣例となっています．たとえば，〈がuの1番，⊨|||⊨がuの2番，〈|⊢⊨|| がuの3番となります．ローマ字で書く場合，1番の文字はそのまま「u」と書きますが，2番以降の文字には番号を書き添えます（例：⊨|||⊨　u_2）．ちなみに，フォン・ゾーデンとレーリッヒという研究者がまとめた『アッカド語音節文字表』（第4版）によると，uは20番まであります．

　これらの文字の使い分けはかなり柔軟です．uの2番は接頭辞の「u-」や語末の長い「-u」に用い，uの3番は接続詞の「u」に用いるといったある程度の傾向はあるのですが，『お』と『を』の場合ほどはっきりと決まっていません．同じ文書の中でいくつかの同音異字を区別なく使う場合もあります．また，時代や方言によっても使い分けに違いが見られるため，実際に個々のアッカド語の文書を読むなかで傾向をつかんでゆくのがよいと思います．

読み	1番		2番		3番	
e	𒂊	e	𒂍	e$_2$		
u	𒌋	u	𒌑	u$_2$	𒅇	u$_3$
qa	𒋡	qa	𒂵	qa$_2$ (= ga)		
qe / qi	𒆥	qe / qi	𒆠	qe$_2$ / qi$_2$ (= ke / ki)		
qu	𒄣	qu	𒆪	qu$_2$ (= ku)		
sa	𒊓	sa			𒍝	sa$_3$ (= za)
su	𒋢	su	𒍪	su$_2$ (= zu)		
ṣi	𒍢	ṣi	𒍣	ṣi$_2$ (= zi)		
ṣu	𒍮	ṣu	𒍪	ṣu$_2$ (= zu)		
ša	𒊭	ša	𒃻	ša$_2$		
šu	𒋗	šu	𒋙	šu$_2$		
pi	𒉿	pi	𒁉	pi$_2$ (= bi)		
li	𒇷	li	𒉌	li$_2$ (= ni)		
aš	𒀸	aš	𒀾	aš$_2$		

7　漢字のような文字（表語文字）

　日本語は基本的に漢字とかなで表記されます．そのうち，漢字は1文字（例：「木」）ないしは複数の文字の組み合わせ（例：「先生」）で何らかの単語を表すような文字（表語文字）だと言えるでしょう．かなの場合，「あ」だけ見ても意味は分かりませんが，漢字の場合，個々の文字を見ただけでその意味が分かります．楔形文字にもちょうど漢字のような文字があります．たとえば，►━┿ は1文字で「神」（アッカド語でilu）を意味し，►━┣━┥ は「口」（アッカド語でpûを表します．また，〈┃┤ ╱┥ は2文字セットで「銀」（アッカド語でkaspu）を意味する熟語です．

　アッカド語の表語文字と日本の漢字との間には，いろいろな共通点があります．まず，どちらもひとつの文字が複数の意味をもちます．『上』という漢字には「うえ」「あがる」「のぼる」など，複数の意味がありますが，►━┣━┥ にも「口」「鼻」「歯」「叫ぶ」など，多くの意味があります．また，日本語では名詞を漢字で書いて，助詞をかなで書いたり，動詞を漢字で書いて，送りがなをふったりしますが，アッカド語でも似たような表記をおこないます．たとえば，►━┿ ►━┣═┫ 「神の」（アッカド語でili）は ►━┿（表語文字の「神」）に ►━┣═┫（「の」を示す送りがな）をつけた表記です．また，╱╲ ╱┥「着いた」（アッカド語でikšud）は ╱╲（表語文字の「着く」）に ╱┥ ud（動詞の時制などを示す送りがな）をつけた表記です．

　けれども，日本語とアッカド語の表記の間にはひとつ大きなちがいがあります．それは，アッカド語には（一部の例外を除き）表音専用の文字がないということです．日本語ではかなを表語文字として用いることはありません．かなは表音専用の文字だと言えます．ところが楔形文字の場合，これまでに習った表音文字をそのまま表語文字として用いることができます．そのため個々の文字について，それが表語文字なのか表音文字なのか判断しながら読む必要があります．この状況は万葉仮名によく似ています．

万葉集には「事云者　三々二田八酢四　少九毛　心中二　我念羽奈九二」と書かれた歌がありますが、『事』『云』『少』『心』『中』『我』『念』は表語的に用いられているのに対して『三』『二』『八』『酢』などは表音的に用いられています．両者が自在に組み合わされて、いわば（表音的）漢字で（表語的）漢字に送りがなをふっています．楔形文字の表記法は基本的にこれと同じイメージでとらえることができます．

　表語文字も「子音＋母音＋子音」タイプの文字と同様、文書の時代や方言によって偏りがあるので、実際にアッカド語の資料を読みながら出てきたものを覚えてゆくのがいいと思います．ここでは参考までに、すでに習った文字の一部を表語文字として読むとどうなるかを紹介するにとどめます．この段階では、すべてを暗記する必要はありません．

楔形文字	表音文字	意味	アッカド語読み
	an	「神」	ilu（イル）
		「天」	šamû（シャムー）
	bit, e₂	「家」	bītu（ビートゥ）
	ka	「口」	pû（プー）
	mu	「名」	šumu（シュム）
		「年」	šattu（シャットゥ）
	hu	「鳥」	iṣṣūru（イッツール）
	gi	「葦」	qanû（カヌー）
	si	「角」	qarnu（カルヌ）
	ne	「火」	išātu（イシャートゥ）
	bi	「ビール」	šikaru（シカル）
	ni	「油」	šamnu（シャムヌ）
	uš	「男」	zikaru（ズィカル）

𒄑	is	「木」	iṣu（イツ）
𒋗	šu	「手」	qātu（カートゥ）
𒋙	$\check{s}u_2$	「世界」	kiššatu（キッシャトゥ）
𒊺	še	「大麦」	šeʾu（シェウ）
𒌓	ud	「日」	ūmu（ウーム）
		「太陽」	šamšu（シャムシュ）
		「白い」	peṣû（ペツー）
𒉿	pi	「耳」	uznu（ウズヌ）
𒈪	mi	「夜」	mūšu（ムーシュ）
𒅆	ši	「目」	īnu（イーヌ）
𒆠	ki	「地」	erṣetu（エルツェトゥ）
		「場所」	ašru（アシュル）
𒆪	ku	「武器」	kakku（カック）
𒇻	lu	「羊」	immeru（インメル）
𒀀	a	「水」	mû（ムー）
		「息子」	aplu（アプル）
𒄩	ha	「魚」	nūnu（ヌーヌ）

この表をつぶさにながめると，ひとつの文字が複数の意味をもつ場合，たいていは何らかの意味的関連があることが分かります．𒌓を例にとると，šamšu「太陽」はūmu「日」をつかさどる天体ですし，メソポタミアの人たちが太陽の色をpeṣû「白い」ととらえていたことも分かります．また，ilu「神」とšamû「天」，あるいはerṣetu「地」とašru「場所」の間にも関連性を認めることができます．しかし，𒈬 šumu「名」とšattu「年」のように結びつきがはっきりしない場合もあるので，注意を要します．

せっかくなので，余力のある人は新しい文字を４つだけ覚えましょう．いずれも

よく出てくる重要な文字です．

楔形文字	意味	アッカド語読み
𒈗	「王」	šarru（シャッル）
𒌉	「息子」	māru（マール）
𒆳	「国」	mātu（マートゥ）
	「山」	šadû（シャドゥー）
𒃲	「大きい」	rabû（ラブー）

ちなみに，𒂍「家」と𒃲「大きい」を組み合わせると，「大きい家」→「宮殿」という意味の熟語になります．

| 𒂍𒃲 | 「宮殿」 | ekallu（エカッル） |

8　数字を書いてみよう

　おもな数字は次のとおりです．基本的に𒁹が「1」を示し，𒌋が「10」を示すので，𒁹と𒌋の数をかぞえればほとんどの数値が分かります．

1	𒁹	11	𒌋𒁹	30	𒌍
2	𒈫	12	𒌋𒈫	40	𒑂
3	𒐈	13	𒌋𒐈	50	𒑄
4	𒐉	14	𒌋𒐉	60	𒁹
5	𒐊	15	𒌋𒐊	70	𒁹𒌋
6	𒐋	16	𒌋𒐋	80	𒁹𒌋𒌋
7	𒐌	17	𒌋𒐌	90	𒁹𒌍
8	𒐍	18	𒌋𒐍	600	𒁹𒌋
9	𒐎	19	𒌋𒐎		
10	𒌋	20	𒎙		

　上の文字を見ると，奇妙なことに気づくはずです．それは，1 の文字と 60 の文字が同じだということです．これは楔形文字が 10 進法と 60 進法を混ぜて使っているからです．10 進法は私たちが一般に数をかぞえるときに使っている位取りで，60 進法

は私たちが時刻をかぞえるときに使っている位取りです．時刻の場合，0時59分 → 0時60分 → 0時61分とは進まずに，0時59分 → 1時 → 1時1分と数字が進みます．楔形文字の位取り法でも，59まで10進法で数字が進みます．60は1と同じになりますが，位がひとつ上がります．60の位の上には600の位があります．下に数字の読み方の一例を示します．

600の位	60の位	1の位			
		𒐕		1	= 1
	𒐕		60x1		= 60
		𒐖		1x2	= 2
	𒐕	𒐕	60x1 +	1	= 61
	𒐖		60x2		= 120
		𒐙𒐝		5x10+9	= 59
	𒐕	𒌍𒐘	60+	10x3+4	= 94
	𒐖	𒌋𒐚	60x2 +	10x4+6	= 166
	𒐗	𒐙𒐝	60x9 +	5x10+9	= 599
𒐕		𒐙	600x1	+	5 = 605

実際には位取りをそろえて書かず，数字を羅列します．そのため，1と60, 2と61と120は見分けがつきません．1の位と60の位は文脈から見分けることになります．

ほかに，100と1000専用の文字があります．また，分数用の数字もいろいろありますが，とりあえず1/2だけ覚えることにしましょう．

100　𒁁　　　1000　𒈨　　　1/2　𒈦

■■

◇コラム　アッカド語の翻字［その2］

　たとえば，ili（イリ）「神の」を楔形文字で書くには，何通りかの方法があります．表音文字だけで 𒄿𒇷 (i-li) と書くこともできますが，表語文字だけで 𒀭（神）と書くことも可能です．さらに，表語文字に送りがなを添えて 𒀭𒇷（神 -li）と書くこともできます．「i-li」，「神」，「神 -li」という表記でもスペリングの違いは示すことができますが，専門家は「神」の部分に当該文字のシュメール語読み（ディンギル　DINGIR）をローマ字で書き入れます．この専門的表記は国際的に通用して便利ですが，本書では「神 -li」式の表記で済ませることにします．ただし，楔形文字の専門家を目指す人はいずれこの専門的表記を覚える必要があります．

　ちなみに，専門的表記には次のような決まりごともあります．

① 　2番の文字には母音の上に符号「´」を付け，3番の文字には母音の上に符号「｀」を付けることが多い．（𒊮　$\text{ša}_2 = \text{šá}$, 𒌋𒁁　$u_3 = \text{ù}$）
② 　表音文字として読む楔形文字は小文字で書き，ハイフンでつなぐ（𒄿𒇷 i-li）．
③ 　表語文字として読む楔形文字はそのシュメール語読みを大文字で書き，ピリオドでつなぐ（𒂍𒃲　É.GAL）．
④ 　送りがなは肩付きの小さな文字で書く（𒀭𒇷　$\text{DINGIR}^{\text{li}}$）．

　ただし，翻字にはいくつかの流儀があります．2番や3番の文字の書き方も流儀の問題です．また，表語文字を大文字にしない書き方や，送りがなを肩付きにしない書き方などもあります．

■■

第2章

楔形文字を
読んでみよう

本章では，第 1 章で覚えた文字を使ってアッカド語を読んでみたいと思います．文法を気にせずに読めるように，固有名詞（地名，人名，神名，月名）と数字を選んでみました．本章に出てくる固有名詞の多くは序章に出ています．聞き慣れない固有名詞については，序章を参照していただければと思います．

1　限定符

楔形文字を読む際に大きな手がかりとなるのが限定符です．限定符というのは単語の分類を示す符号のことで，限定詞あるいは決定詞とも呼ばれます．ある単語の前（符号によっては後ろ）に限定符があれば，その単語が神なのか，人間なのか，動物（鳥，魚など）なのか，植物なのか，地名（国，町，川など）なのか，月名なのか，あるいは何（木，葦（あし），石，金属，皮など）でできているかが分かります．漢字の偏（へん）や冠（かんむり）を知っていると，漢字の意味がある程度予測できますが，限定符を覚えれば，文書に出てくる単語の種別が見分けられます．

限定符の数は数十にのぼりますが，ここではもっとも重要なものを 9 つだけ覚えましょう．このうち ⸻ (= an, 神)，⸻ (= 1)，⸻ (= 国)，⸻ (= ki, ke, 地) と ⸻ (= iz, is, iṣ) は既習の文字です．なお，以下の例では限定符にあたる文字をカッコに入れた漢字で示します（82 ページのコラムを参照）．

分類	限定符	例			
神名	⸻	⸻ ⸻ ⸻	(神)アッシュル	ᵈaš-šur	「アッシュル神」
男性の名	⸻	⸻ ⸻ ⸻ ⸻	(男)アダパ	ᵐa-da-pa	
女性の名	⸻	⸻ ⸻ ⸻ ⸻	(女)スィドゥリ	ᶠsi-du-ri	
人の分類（職業など）	⸻	⸻ ⸻ ⸻	(人)アスー	ˡᵘ²a-su	「医師」

国名	𒆳	𒆳𒈪𒅖𒊑 (国)ミツリ ᵏᵘʳmi-iṣ-ri 「エジプト」
都市名	𒌷	𒌷𒀸𒋗ᵘʳᵘaš-šur 「アッシュル市」
川の名	𒌓	𒌓𒁍𒊏𒀜𒌅 (川)プラットゥ ⁱᵈ²pu-ra-at-tu 「ユーフラテス川」
地名全般	𒆠	𒀸𒋗𒆠 アッシュル(地) aš-šur ᵏⁱ 「アッシリア」
木, 木製品	𒄑	𒄑𒆪 (木)カック ᵍⁱˢTUKUL=kakku 「武器」

同じ文字(列)でも付く限定符によって意味が変わる点に注目しましょう．𒀸𒋗 がよい例です．限定符を変えるだけで，「アッシュル」が神名になったり，都市名になったり，アッシリアという地域を指したりします．

限定符は省略されることもあります．神名を示す𒀭を落とすことはまれですが，人名の前につく𒁹や𒊩，職業名を示す𒈗はしばしば省略されます．一方，女性の名前には𒁹と𒊩を両方つける場合もあります．また，𒆳や𒌷と𒆠とを組み合わせて使うこともできます（例：𒌷𒀸𒋗𒆠 ᵘʳᵘaš-šur ᵏⁱ).

また，楔形文字には複数形を示す記号もあります．日本語にたとえると，「彼等」の「等」に似た役割を果たす文字と言えるかもしれません．これも一種の限定符とみなされるため，ここで紹介しておきましょう．

分類	限定符	例
複数	𒈨𒌍	𒆳𒈨𒌍 国(複)=マータートゥ mātātu 「国々」

多くの限定符は表語文字と兼用です．たとえば，𒌷は文脈によっては「町」を表す表語文字として ālu（ないしはその変化形）と読む必要があります．

2 地名を読んでみよう

さて，序章に出てきた地名の一部を楔形文字で書いてみたので，読んでみましょう（124ページに解答があります）．いずれも，これまでに覚えた文字の範囲で読める地名です．ただし，楔形文字の発音は日本語のカタカナ表記とぴったり一致するとはかぎりません．

まずはウォーミングアップとして，次の4文字の中から限定符を探しましょう．（ヒント：2つあります）

1)  𒌷 𒀀 �šur 𒆠

限定符は原則として最初か最後に付くので，𒌷と𒆠が限定符と予想されます．78-79ページの表と照らし合わせると，𒌷が都市名の限定符で，𒆠が地名全般の限定符であることが分かります．したがって，その間の2文字が都市名ということになります．限定符は読み上げず，都市名だけaš-šur（アッシュル）と読みます．𒀀は「母音＋子音」タイプの文字表（50ページ）に出てきます．また，�šurは51ページで覚えた「子音＋母音＋子音」タイプの文字のひとつです．

続けて，都市名を4つ読んでみましょう．2と4と5（2箇所）には同じ文字（𒌷）が含まれています．3と5にも同じ文字（𒉌）が含まれています．2と5にも同じ文字（𒆠）が含まれていますが，2では表音文字として，5では限定符として用いられている点が要注意です．

2) 𒌷 𒌷 𒆠 𒌷
3) 𒌷 ☷ ✕ 𒐊
4) 𒌷 ☖ 𒌷 𒌷

5) 𒌷 𒀀 𒆷 𒆷 𒀪 𒆠

いずれも都市名の限定符で始まっています．地名全般の限定符が後続するものがひとつだけありますが，分かるでしょうか．5 がそうですね．限定符を日本語に置き換えると次のようになります．

2) （町）𒆷 𒆠 𒊭

3) （町）𒉌 𒉡 𒀀

4) （町）𒅊 𒌒 𒆷

5) （町）𒀀 𒆷 𒆷 𒀪（地）

2 と 3 は最初に覚えた 57 文字だけで読める例です．21 ページの表と照合すると，2 は 𒆷 la, 𒆠 ki, 𒊭 ša と読めます．したがって，これらは序章に出てきたラキシュという都市名を表記した文字だと分かります．3 は 𒉌 ni, 𒉡 nu, 𒀀 a と書いてあります．ちょっと分かりにくいかもしれませんが，これはアッシリアの都ニネヴェのことです．

4 と 5 には 50 ページで覚えた「母音＋子音」タイプの文字がひとつずつ含まれています．4 の 𒌒 と 5 の 𒀪 がそうです．50 ページの表でこれらの文字を確認すれば，4 は 𒅊 gu, 𒌒 ub, 𒆷 la (=グブラ), 5 は 𒀀 a, 𒆷 la, 𒆷 la, 𒀪 ah (=アララハ) と読めます．グブラというのはビブロスの古代名です．

では，次の 5 例を自力で読んでみましょう．いずれも序章に出てくる地名です．

6) 𒀭 𒀸 𒋗 𒁺

7) 𒀭 𒅗 𒈨 𒋫 𒉌

8) 𒀭 𒈪 𒍣 𒊑

9) 𒆷 𒌋 𒈨 𒊑 𒍪 𒆠

81

10) 𒂊𒀭 𒁲 𒁹𒌋 𒆠

まず限定符を探し（𒀭, 𒂊𒀭, 𒆠），次に1～5に出てきた文字を確認しましょう．ほとんどが最初に覚えた57文字だけで読めますが，それ以外の文字も一字ずつ含まれています．6の𒁲，7の𒀀，8の𒀭𒀭，9の𒈨𒀭は「母音＋子音」タイプの文字で，10の𒁹は「子音＋母音＋子音」タイプの文字です．

■■■

◇コラム　アッカド語の翻字［その3］

　本書では限定符を「(神)」や「(国)」のようにカッコに入れた漢字で示しますが，専門家の間では次のような決まりごとがあります．

① 限定符には基本的に当該文字のシュメール語読みを用いる．ただし，(神)は「d」，(男)は「m」ないし「I」，(女)は「f」と省略することが多い．
② 限定符は肩付きの小さな文字で書く．
③ 限定符は斜体字にも大文字にもしない．

　これにしたがって𒀭𒀀𒉡 と 𒆳𒄩𒀜𒋾𒆠 を専門的に表記すると，それぞれ ^{d}a-nu, ^{kur}ha-at-ti ^{ki} となります．限定符の表記にもやはりいくつかの流儀があり，(女)を「f」で省略しない書き方や，送りがなを肩付きにしない書き方などもあります．

■■■

3　人名を読んでみよう

　日本語の人名はほとんどが漢字で書かれますが，バビロニアやアッシリアの王名にも表語文字が多く使われます．そのため既習文字だけで読める王名はほとんどありません．たとえば，序章にも出てきたアッシリアの王アッシュル・ナツィルパルの名を楔形文字で書くと次のようになります．

　1)　𒁹 𒀸 𒋩 𒈾 𒌉

　最初の文字（𒁹）は男性名につく限定符です．続く2文字（𒀸 𒋩）は前節で地名として出てきた「アッシュル」です．ここでは神名として用いられています．最後の2文字は表語文字です．𒈾 は「守る」を意味する文字で，ここでは「守る者」（ナーツィル）という意味で使われています．𒌉 は「息子」（アプリ）を表します．アッシュル・ナーツィル・アプリは全体として「アッシュル神は息子を守る者である」という意味になります．

　それに対して外国語の名前は，日本語でも楔形文字でも表音的につづられることが多くなります．日本語ではカタカナが使われますが，楔形文字の場合はこれまでに習った基本文字が多用されます．一例として次の2〜4があります．2はアモリ語，3はヒッタイト語，4はエジプト語の人名です．

　2)　𒁹 𒅖 𒈨 𒄴 𒁹𒁹 𒁹
　3)　𒁹 𒂖 𒋻 𒁹 𒅗 𒁹𒁹 𒐋 𒂖
　4)　𒁹 𒂊 𒋻 𒉌 𒅖 𒁹𒁹 𒁹

　ほとんどが最初に覚えた57字のどれかですが，それ以外の文字も各人名に一字ずつ含まれています．まず限定符を探し（ヒント：3つとも男性名の限定符𒁹が付い

83

ています），次に地名の1〜10に出てきた文字を確認しましょう．たとえば，人名2の 𒀹 [→地名6] と 𒀹 [→地名8]，人名3の 𒀹 [→地名4] と 𒀹 [→地名9]，人名4の 𒀹 [→地名3，5] と 𒀹 [→地名7] と 𒀹 [→地名6] と 𒀹 [→地名7] がそうです．ただし，𒀹 は地名4ではubと読みましたが，人名3ではupと読みます．ここまでの解読結果を書き込むと，次の通りです．

2) （男）ha 𒀹 mu 𒀹 𒀹

3) （男）𒀹 up 𒀹 𒀹 𒀹 u 𒀹

4) （男）a 𒀹 an ha ta 𒀹

𒀹 が2〜4の人名すべてに含まれていますが，名前によって読み方が違うので注意を要します．序章に出てくる人名のカタカナ表記を参考にbiと読むか，pi$_2$と読むか，推測してみましょう．解答は124ページにあります．2の名前については121ページのコラムも参照してください．

最後に，次の人名を自力で読んでみましょう．ユダ王国を滅ぼし，バビロン捕囚をおこなった王の名です（序章参照）．

5) 𒀹 𒀹 𒀹 𒀹 𒀹 𒀹 𒀹 𒀹 𒀹 𒀹 𒀹

限定符（𒀹）を探し，前の地名と人名に出てきた文字（𒀹 [→地名2〜4]，𒀹 [→地名8，9]）を確認します．あとは最初に覚えた57文字だけでほとんど読めますが，𒀹 と 𒀹 （2箇所）は「母音＋子音」タイプの文字です．解答は124ページにあります．名前の読み方や意味については次のコラムをご参照ください．

◇コラム　アッカド語の人名

　アッカド語の人名には，主語と述語をそなえ「〜は...である」「〜が...した」「〜が...しますように」といった文をなすものが多く見られます．こうした人名を見ると命名した親の思いや願いが伝わってきます．たとえば，次のような例があります．

「〜は...である」タイプ

- シャルマネセル（Šulmānu-ašarēd「シュルマヌ神（Šulmānu）は第一人者（ašarēd）である」）
- ティグラト・ピレセル（Tukultī-apil-Ešarra「私の拠り所（Tukultī）はエシャッラ［＝アッシュル神殿］の息子（apil-Ešarra）である」）

「〜が...した」タイプ

- センナケリブ（Sîn-ahhē-erība「スィン神（Sîn）が兄弟たち（ahhē）の代わりを与えてくれた（erība）」）
- メロダク・バルアダン（Marduk-apla-iddina「マルドゥク神（Marduk）が息子（apla）を与えてくれた（iddina）」）

「〜が...しますように」タイプ

- ナボポラッサル（Nabû-apla-uṣur「ナブ神（Nabû）よ，息子（apla）を守りたまえ（uṣur）」）
- ネブカドネツァル（Nabium-kudurrī-uṣur「ナブ神（Nabium）よ，我が子（kudurrī）を守りたまえ（uṣur）」）　＊Nabium は Nabû の古いつづり．

　カタカナ表記と原語表記がかなり違うのが気になりますが，前者は実はヘブライ語（旧約聖書の原語）なまりの表記です．聖書に登場する王名の場合，聖書の各国語訳を通してヘブライ語なまりの表記が世界各地で定着しています．

4　神の名前を読んでみよう

　日本の神は八百万(やおよろず)と言われますが，メソポタミアにも数多くの神が存在しました．これまでにメソポタミアで見つかった神の名は3千以上にのぼるといいます．多くの神は自然の力を象徴しています．たとえば，シュメールではアンは天の神で，エンキは大地の下に横たわる淡水（アプスー）の神です．天と地の間の大気（風）はエンリルがつかさどります．ナンナは月の神，ウトゥは太陽の神，イシュクルは嵐の神です．シュメール人は自然の背後に超自然の神の存在を認め，自然現象を神の働きによって説明ないし予測したり，逆に神を祀ることによって自然現象を制御したりしようとしたことが分かります．

　ただし，すべての神が対等だったわけではありません．神々の集合体を「パンテオン」と呼びますが，メソポタミアのパンテオンはシュメール時代にアン，エンリル，エンキという3人の神を頂点とする体制に編成されました．アンはすべての神々の父で，神々の頂点に君臨する神です．その他の神々には家族関係と役職が与えられ，王家と官僚によって構成される国家のような体制をなしています．アンは君主としての実権を息子のエンリルに譲り，ふだんは天に退いています．アンの息子エンキは知恵と魔術をつかさどり，エンリルの統治を見守ります．月神ナンナはエンリルの息子，太陽神ウトゥはナンナの息子です．農耕神ニヌルタもエンリルの息子です．また，ナンナにはイナンナという娘もいます．イナンナは愛と戦争をつかさどり，メソポタミアでもっとも重要な女神です．役職としては，宰相，代官，大使，秘書官，守衛などがあります．

　また，神々には住まいがあります．たとえば，アンとイナンナはウルク，エンリルはニップル，エンキはエリドゥ，ウトゥはシッパル，ナンナはウルに神殿があります．各都市国家はパンテオンから主神を選び，その神殿を建て，これを祀ることによって自国の安寧を求めたのです．都市国家と神が結びつくと，都市国家の勢力

が神の地位に影響を及ぼすケースも出てきます．その典型的な例がマルドゥクの台頭です．マルドゥクは古くから知られる神ですが，決して傑出した存在ではありませんでした．ところが，バビロンがメソポタミア全土の統一を果たすと，バビロンの主神であるマルドゥクの名を採り入れた人名が増加し，マルドゥクの人気が高まっていきました．その結果，マルドゥクはエンリルに代わり神々の王の地位につきました．これを正当化するために書かれたのがエヌマ・エリシュという世界創造神話です．

セム系のアッカド人がメソポタミアに定住すると，上記のシュメールの神々がセム人の神々と混交や融合をおこします．アッカド人はシュメールの神をそのまま採り入れたり（例：エンリル），アッカド語化して取り込んだり（例：アン→アヌ），自分たちの神と同一視したりしました（例：エンキ＝エア，ナンナ＝スィン，ウトゥ＝シャマシュ，イシュクル＝アダド，イナンナ＝イシュタル）．また，セム人の神々（例：ダガン，イシュハラ）が新たにメソポタミアにもたらされました．セム人が神々を天体に結びつけたことも知られています．たとえば，イシュタルは金星，マルドゥクは木星をつかさどる神となりました．

　上で挙げた神名の一部を楔形文字で読んでみましょう．

1) ⸻

まず，限定符を探してみましょう．最初の ⸻ が神を表す限定符です．次に，前の地名・人名に出てきた文字を確認しましょう． も も地名3に出てきました．これを思い出せば，この神名がアヌであることがすぐに分かります．

　では，続けて2〜4の3つの神名を読んでみましょう．

2) ⸻

3) ⸻

4) ▶︎✦ 𒀭 ✦

まず限定符を探すと，すべてに神を示す限定符がついています．次に地名と人名に出てきた文字を確認します．神名2の 𒀭 [→地名3／5，人名4]，神名3の 𒀸 [→地名6]，神名3の 𒁺 [→人名5] がそうです．これらを書き込むと次のようになります．

2) （神） 𒂊 a
3) （神） ad du
4) （神） 𒊭 𒈦

神名2と神名4は2番の文字（𒂊 = e₂, 𒊭 = ša₂ [69ページ参照]）を含みます．また，神名4には「子音＋母音＋子音」タイプの文字（𒈦 = maš [51ページ参照]）が使われています．これらの点に注意すれば，2がEa（エア），3がAddu（アダド），4がŠamaš（シャマシュ）だと分かります．

最後に，同じ手順で次の神名を自力で読んでみましょう．どちらもセム系の神です．神名5には「母音＋子音」タイプの文字（50ページ参照）が，そして神名6には「子音＋母音＋子音」タイプの文字（51ページ参照）が使われている点に注意しましょう．

5) 𒀭 𒀸 𒀸 𒀸
6) 𒀭 𒂊 𒁺

ちなみに，エンリルは 𒀭 𒂗 𒂊 ないし 𒀭 𒇸 と書きます．𒂊 (lil₂) は新出の表音文字です．それに対して，𒇸 はエンリルを表す表語文字です．この機会に神を表す表語文字をあと2つだけ紹介しておきましょう．𒈦 (maš) はニヌルタ，𒅎 (im) はアダドを表します．通常，神を示す限定符をつけて 𒀭 𒈦,

88

⊢┼ ⟡⊢┼ と書きます．

興味深いことに，これらの神々には次のような番号がつけられています．

番号	1 (= 60)	10	15	20	30	40	50
神	アヌ	アダド	イシュタル	シャマシュ	スィン	エア	エンリル

アヌが1なのは，おそらくパンテオンの第一位だからでしょう．月神スィンが30なのは，1か月の日数と無関係ではなさそうです．その他の番号については，数と神の対応にこれといった理由はなさそうです．

上の対応表を見ながら下記の数字を読み，神の名を解読してみましょう（解答は124ページ）．数字（74ページ参照）を読むよい練習になります．

7) ⊢┼ ⋘

8) ⊢┼ ⟨

9) ⊢┼ ⟨⋓

10) ⊢┼ ╎

11) ⊢┼ ⋞

12) ⊢┼ ⟨⟨⟨

13) ⊢┼ ⟨⟨

同一の語を複数の方法で表記できる点が日本語に似ています．日本語では「いす」を，「椅子」と書いたり「イス」と書いたりすることがあります．同様に，楔形文字でも「アダド」を表音的に ⊢┼ ⊨⊟⊏╎ と書いたり，表語的に ⊢┼ ⟡⊢┼ と書いたり，番号で ⊢┼ ⟨ と書いたりします．

◇コラム　円筒印章

　古代オリエントにも判子を押す習慣がありました．ただし，朱肉を使って紙に押すのではありません．粘土が柔らかいうちに判子を押しつけると，粘土の表面に印影が残ります．これが古代オリエントの判子の押し方です．発掘によって，中東各地で古代の判子や捺印物が見つかっています．判子には，スタンプ印章と円筒印章の2種類があります．スタンプ印章は文字通り粘土に押すスタンプです．円筒印章は筒型をした判子で，筒の側面に図柄や文字が彫ってあります．これを粘土の上に転がすと，切れ目なく繰り返す印影が残ります．

　詳しくは，D. コロン『オリエントの印章』(學藝書林, 1998) をご覧ください．

M. Roaf, *Cultural Atlas of Mesopotamia and the Ancient Near East*
(Oxford: Equinox, 1990, p. 77 より)

　これは円筒印章の印影です．ここには神々の姿が描かれています．ノコギリのような剣を手に中央の山から出てくるのは，夜の間に地中を通ってきた太陽神シャマシュです．その両脇に女神イシュタルと水神エアが描かれています．イシュタルには翼があり，矢筒を背負っています．エアの肩からは水が流れ出て，その中を魚が泳いでいます．

5　月名を読んでみよう

　古代メソポタミアの月名はもともと都市によってまちまちでしたが，バビロニアでは古バビロニア時代（紀元前2千年紀前半）に暦が統一され，次のような月名が用いられました．

バビロニア月名		現在の暦との対応	ユダヤ暦（参考）
ニサンヌ	nisannu	(3-4月)	ニサン
アィヤール	ayyāru	(4-5月)	イヤール
スィマーヌ	simānu	(5-6月)	スィヴァン
ドゥウーズ	du'ūzu	(6-7月)	タンムーズ
アブ	abu	(7-8月)	アヴ
エルール	elūlu	(8-9月)	エルール
タシュリートゥ	tašrītu	(9-10月)	ティシュレー
アラフサムヌ	araḫsamnu	(10-11月)	マルヘシュヴァン
キスリーム	kislīmu	(11-12月)	キスレヴ
テベートゥ	ṭebētu	(12-1月)	テヴェト
シャバートゥ	šabāṭu	(1-2月)	シェヴァット
アッダル	addaru	(2-3月)	アダル

　月は新月が見えた日から始まります．太陰暦を用いていたため現在の暦と多少ずれますが，1年は日本の学年と同じく春に始まります．太陰暦の12か月は太陽暦の1年より11日短いため，月は年に比べて毎年11日ずつ遅れていきます．これを調整するために王の布告によって不定期に閏月（第2アッダル）が置かれました．アッシリアの暦は秋に始まり，閏月はありませんでしたが，やがてバビロニア暦を採用

しました．その後，バビロニア暦は古代オリエント世界全域に普及し，ユダヤ人やアラブ人の伝統的な暦として今日まで受け継がれています．

　上に出てきた月名の一部を楔形文字で書いてみました．文字と読みを線で結んでみましょう．

・　　　・ nisannu　①

・　　　・ ayyāru　②

・　　　・ simānu　③

・　　　・ duʾūzu　④

・　　　・ abu　⑤

・　　　・ elūlu　⑥

・　　　・ arahsamnu　⑦

・　　　・ kislīmu　⑧

・　　　・ šabāṭu　⑨

・　　　・ addaru　⑩

［答え］上（楔形文字）から⑤⑥②③④⑩⑨①⑧⑦

6　数字を読んでみよう

　下の粘土板に書かれている文字はすべて数字です．74ページに示した字と異なるものもありますが，𒁹「1」と𒌋「10」の数をかぞえれば数値が分かりますので，読んでみましょう．

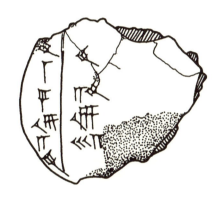

【図3】UET 6/2 254 裏面

（E. Robson, *Mesopotamian Mathematics, 2100-1600*, Oxford, 1999, p. 254 より）

　実は，これらは単なる数字の羅列ではなく，かけ算とわり算の計算式です．
　左欄の一番上の数字（△）をすぐ下の2番目の数字（𒁹）にかけた答え（△）が右欄の一番上に書かれています．これに左欄の次の数字（𒀭）をかけると右欄の数字（𒈫△）になります．𒈫△を読む際には位取りに注意しましょう．𒈫が60の位と考えれば計算があうはずです．
　また，左欄に数字が2つ書かれていて，その積が60になる場合はわり算になります（最初の数字で割ります）．左欄の次の数字（𒌋𒐋）はこれに該当しますので，𒈫△を𒌋で割った答えが𒌋𒐋となります．これに𒈫をかけた答えが𒌍𒈫です．左欄

の一番下に ▲ が書かれている理由は不明です．

以上の計算を式に表すと次のようになります．

```
      40
  ×   1    =   40
  ×   4    =   2 40  (2×60＋40＝160)
  ÷   10   =   16
  ×   2    =   32
      40
```

楔形文字には×，÷，＝に相当する文字はありませんが，分かりやすくするために補いました．

第3章

楔形文字を
解読してみよう

これまでに習った文字や単語や表現を用いて，写真や手書きの図版を見ながら楔形文字で書かれた粘土板や石碑を解読してみましょう．第1章で述べたように本書で紹介するのは一部の楔形文字の代表的な読み方だけですから，実際の文書を読もうとするとどうしても知らない文字や読み方が出てきてしまいます．はじめのうちは，知らない文字ではなく，知っている文字に注目するようにしましょう．粘土板の写真を見たり，博物館で実物の石碑を見たりしたときに，その中に1字でも2字でも自分の知っている文字があるとうれしいものです．そんなささやかな喜びを積み重ねていけば，きっと楽しみながら楔形文字への理解を深めてゆくことができるはずです．

　楔形文字が書かれた文書の総数は不明ですが，現存する粘土板だけでも少なくとも50万点あると言われます．そのうえ，中東各地で進む発掘により，新しい文書が続々と発見されています．文書は数が多いだけでなく内容も多彩です．神話や叙事詩など，文学と呼ぶに相応しい作品もあれば，いわゆる「法典」や裁判記録など，古代の社会制度に関する貴重な資料もあります．また，軍事遠征や神殿建立をはじめとする王の偉業を記録した王碑文や年代記もあります．これらを王名表とつきあわせることにより，さまざまな出来事の年代が決まってきます．さらに，条約や外交書簡からは当時の国際関係が分かりますし，その他の書簡や証文からは都市の行政組織や経済活動の実態を知ることができます．学術文書（天文・暦，数学，辞書・文法など）や宗教文書（占い，魔術，医術，祭儀など）からは，当時の人たちが何を知り，何を信じ，何を恐れて生きていたかも伝わってきます．

　これらのジャンルのうち，本章では文学作品（ギルガメシュ叙事詩），王の碑文2点，バビロニアの世界地図，ハンムラビ「法典」から一部を抜粋して読んでみたいと思います．

1　ギルガメシュ叙事詩

　ギルガメシュ叙事詩は古代メソポタミア文学の最高傑作として世界的に知られる作品です．

　ギルガメシュというのは紀元前2600年頃にシュメールの都市国家ウルクを治めたと言われる王の名前です．ギルガメシュの死後，彼をめぐる英雄譚がシュメール語で書かれ，これらをもとに古バビロニア時代（紀元前2千年紀前半）にアッカド語で一大叙事詩が編纂されました．

　この叙事詩は古代オリエント世界の各地で書き継がれ，紀元前1千年紀にはいわゆる標準版が成立しています．

　ギルガメシュ叙事詩は古代メソポタミア文明の滅亡とともに忘れ去られてしまいましたが，19世紀になってニネヴェのアッシュルバニパル王の図書館から掘り出されました．解読が進むにつれ，ギルガメシュ叙事詩は世界の注目を浴びてゆきます．注目を浴びた理由のひとつとして，物語のおもしろさがあるでしょう．

　暴君のギルガメシュが野人エンキドゥと出会い，格闘の末に2人の間に友情が芽生えます．2人は協力して香柏の森を守る怪物を退治します．その後，エンキドゥの死を目の当たりにして，ギルガメシュは死への恐怖を味わいます．ギルガメシュは不死を求めて旅に出て，ウトゥナピシュトゥムという人物に会います．このストーリーはリルケやヘッセを魅了したことが知られています．

　ギルガメシュ叙事詩が世界の注目を浴びたもうひとつの理由は，第11の書板にあります．そこには洪水物語が収録されていました．洪水物語といえば，旧約聖書のノアの大洪水の話（創世記6-8章）が有名ですが，第11の書板の内容はこれに酷似しています．

　あらすじを比較すると次のようになります．

◇創世記の6～8章	◇ギルガメシュ叙事詩の第11の書板
神が人類を滅ぼすと警告	神が人類を滅ぼすと警告
神がノアに船の建造を命令	神がウトゥナピシュトゥムに船の建造を命令
ノアが船を建造	ウトゥナピシュトゥムが船を建造
動物，ノアとその家族が乗船	動物，ウトゥナピシュトゥムとその家族らが乗船
天の窓が開かれ，洪水が発生	堰(せき)が切られ，洪水が発生
40日40夜の大雨で生き物が死滅	7日間の嵐で生き物が死滅
水が引き，船はアララト山の上に漂着	水が引き，船はニムシュの山の上に漂着
ノアがカラスを放つ→出たり入ったり	ウトゥナピシュトゥムがハトを放つ→戻ってきた
ノアがハトを放つ→戻ってきた	ウトゥナピシュトゥムがツバメを放つ→戻ってきた
ノアがハトを放つ→戻ってこない	ウトゥナピシュトゥムがカラスを放つ→戻ってこない
ノアと一行が下船	ウトゥナピシュトゥムと一行が下船
ノアが全焼の生け贄を捧げる	ウトゥナピシュトゥムが供犠（香木）を捧げる
神は香りをかぐ	神は香りをかぐ
神がこんなことは二度としないと約束	神が洪水を起こしたことを悔やむ
ノアが神と契約を結び，人類の祖先となる	ウトゥナピシュトゥムは永遠の命を与えられる

　ギルガメシュ叙事詩の発見と解読により，旧約聖書が古代メソポタミアの文学を部分的に踏襲して書かれていることが判明し，世界中の人々を驚かせたのです．

【図4】ギルガメシュ叙事詩，第11の書板
（松本健 編著『NHK四大文明 メソポタミア』NHK出版, 2000, p. 18 より）

図4は第11の書板の写真です．この一部を1, 2章で使った活字で書き直すと次のようになります．ここでは四角で囲った部分を読んでみましょう．

まず，□から始めましょう．⊢⊣ はいろいろな読み方がありますが，ここでは「神」(ilu)を表す表語文字として使われています．漢字で「神々」(=神神)と書くのと同じように，同じ文字を重ね書きすることで複数 (ilū) を表しています．
次に，□ を読んでみましょう．すべて122ページの早見表にあ

99

る文字です．最初の 𒀭 は2章の地名3／5，人名4，神名2に出てきた文字で，最後の 𒀀 も人名2に出てきた文字です．𒀭 と 𒀭 は122ページの早見表から探してみましょう．なお，同じ語の別の形が25ページにあります（アブーブ）．ちなみに，アブーブは「洪水が」，𒀭 𒀭 𒀭 𒀀 は「洪水を」を表します（-um, -am という語尾については106ページのコラムを参照）．𒀀 の後の文字は破損していてよく見えませんが，おそらく 𒈠「ma」（接続助詞）だと思います．

最後に 𒀭 𒀭 𒀭 𒀭 𒀭 𒀭 を解読します．上に出てきた 𒀭 は「神」（ilum）を表す表語文字でしたが，ここでは「天」（šamû）を表す表語文字です．同じ文字を ilum と読むのか，それとも šamû と読むのかを見分けるのに役立つのが送りがなです．たとえば，「上」という漢字にはいくつかの読みがありますが，「上がる」と書いてあれば「うえ」ではなく「あがる」と読むことが分かります．同様に，𒀭 も送りがなによって読み分けることができます．𒀭 に 𒀭（e）という送りがながついていることに注目しましょう．ilu「神」が活用しても 𒀭 という語尾はとりませんが，šamû「天」には šamê「天の，天を」という活用形があります．したがって，𒀭 は šamê の送りがなだと考えられます．

𒀭 は ša₂ です（123ページの同音異字早見表を参照）．「ša」と読む文字にはいくつかありますが，𒀭 はそのひとつです．ちなみに，アッカド語の ša は「…の」を意味する前置詞です．

𒀭 𒀭 𒀭 は ᵈa-n[im]「アヌの」と読みます．𒀭 は上で「神」「天」を表す表語文字と解読しましたが，ここでは直後に a-nim（神名 anum の変化形）があるので，限定符だと分かります．最後の文字は後半が破損していますが，文脈から 𒀭 と推定できます．破損部を推定する作業を復元と呼びますが，復元をおこなうには文法や単語や文字に関する幅広い知識と書かれている内容に関する深い理解が必要です．

以上の解読結果を翻字すると次のようになります．四角で囲ってない部分も参考までに翻字しておきますので，楔形文字と見比べてみてください．なお，𒁹 は数字の

「1」ですが，ほかに前置詞ana「...に」を表す表語文字としてもよく使われます．また，[　]で挟んだ部分は粘土板が破損していて文字が見えない箇所を示します．

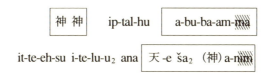

これをアッカド語として読み下すと，次のようになります．

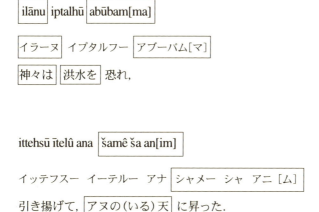

この粘土板の現物は大英博物館所蔵ですが，聖書考古学資料館（http://www.tmba-museum.jp/）にレプリカがあります．また，ギルガメシュ叙事詩の全文は日本語で読むことができます．いくつかの訳がでていますが，月本昭男訳『ギルガメシュ叙事詩』（岩波書店，1996）をお薦めします．

2　王の碑文［その1］——ブラック・オベリスク

　ブラック・オベリスクは玄武岩でできた高さ202cmの4角柱です．1846年に英国の考古学者H.レヤードによってニムルド（古代名はカルフ）という遺跡で発見されました．遺丘中央部の大型建造物の外から見つかっているため，かつては野外に設置され，町ゆく市民が見上げるような記念碑だったと想像されます．オベリスクというのは，通常，先端のとがった石柱のことを言います．ブラック・オベリスクは先端が平らになっているので，いわゆるオベリスクではないのですが，発見者のレヤードがこの石柱をそう呼んで以来，この名称が定着しています．

　ブラック・オベリスクの各面には5段のレリーフが帯のように彫ってあります【図5】．各段のレリーフは一周が一続きの場面になっていて，各段のすぐ上に場面を説明する文字が書かれています．レリーフ帯の上下には190行の碑文があります．碑文は神々への呼びかけに始まり，記念碑を作った王の名前，称号，系図に続いて，169行にわたってこの王がおこなった軍事遠征が年代順に記録されています．

【図5】British Museum Guide & Map, 1981, p.48 より

ブラック・オベリスクを作成した王はアッシリアのシャルマネセル3世（紀元前859-824年）です．シャルマネセル3世は20回以上にわたってユーフラテス河を越えて西方に軍事遠征をおこなった王として知られます．紀元前841年にはイスラエルにまで進軍し，北イスラエルの王イエフから貢ぎ物を受け取っています．

【図6】ブラック・オベリスクのレリーフ銘文［その1］
M. Roaf, *Cultural Atlas of Mesopotamia and the Ancient Near East*
(Oxford: Equinox, 1990, p. 175 より）

　図6には，2人の従者を従えたシャルマネセル（上段左から3番目の人物）の前

にひざまずく人物が描かれていますが，銘文を読むと，これがイエフであることが分かります．

レリーフの上部に刻まれた銘文を1，2章で使った活字で書き直すと次のようになります．

𒈫 𒆳 𒅎 𒁹 │𒅀 𒌑 𒀀│ 𒌉 │𒁹 𒄷 𒌝 𒊑 𒄿│ 𒌋𒌋𒌋 𒅗 𒈨𒌍

𒁹は人名の限定符ですから，𒅀 ia, 𒌑 u₂, 𒀀 a は人名ということになります．𒌉 は「息子」を表す表語文字です．したがって，続く人名が父親の名前になります．父親の名前は𒁹（人名限定符），𒄷 hu, 𒌝 um, 𒊑 ri, 𒄿 i と読めます．これらは旧約聖書に登場するイエフ，オムリのことだと考えられています．イエフ，オムリというヘブライ語の名前はアッシリア人の耳にはヤウア，フムリと聞こえたのでしょう．

次の3文字は貢ぎ物です．𒌋𒌋𒌋 𒅗 は「銀」を表し，𒈨𒌍 は複数を示す限定符です．

以上を翻字・翻訳すると，次のようになります．四角で囲ってない部分も参考までに翻字しておきますので，楔形文字と見比べてみてください．

旧約聖書によると，イエフは「ニムシの孫でヨシャパテの子」（列王記下9：2）です．彼はオムリの孫であるヨラムに仕える将軍でしたが，謀反を起こして王位を奪い，オムリ家を根絶やしにした人物です．そのイエフを「オムリの息子」と呼ぶの

104

は旧約聖書の記述と食い違いますが，おそらくブラック・オベリスクは「オムリ王朝の後継者」という意味で「オムリの息子」と言っているのだと考えられます．いずれにせよ，このレリーフはイスラエル人の姿を描いた最古の図版です．

ちなみに，図6のらくだの絵の上には次のような文字が書かれています．やはり，四角で囲った部分を解読してみましょう．今度は国名です．

最初の文字 は国を表す限定符で，国名は mu， uṣ， ri と読めます．四角で囲ってない部分も含めて翻字・翻訳すると，次のようになります．

翻字：ma-da-tu　ša₂　(国) **mu-uṣ-ri**
音訳：maddattu　ša　muṣri
カナ：マッダットゥ　シャ　ムツリ
翻訳：エジプトの貢ぎ物

この銘文から，らくだが「エジプトの貢ぎ物」だったことが分かります．

ブラック・オベリスクの現物は大英博物館に所蔵されています．19世紀に大英博物館に運び込まれて以来，門外不出となっていますが，聖書考古学資料館（http://www.tmba-museum.jp/）でレプリカを見ることができます．

■■■

◇コラム　アッカド語の格語尾

　日本語では名詞が文の中で果たす役割を格助詞によって示します．たとえば，「が」は行為や状態の主体を示し，「を」は行為の及ぶ対象を示します（例：子供が本を読む）．また「の」は所有者を示したりします（例：私の本）．

　アッカド語にもこれと似たような役割を果たす語尾があり，格語尾と呼ばれます．単数名詞の場合，-u が「が」（例：63 ページの awīlum），-a が「を」（例：101 ページの abūbam），-i が「の」（例：63 ページの awīlim）とほぼ同じ役割を果たします．

　古い方言（古バビロニア語など）ではこれらの語尾に -m を付けますが，その後，この -m は使われなくなりました．ただし，後代の文書でも，文語調の文書にはこの -m が出てくることがあります．

■■■

3 王の碑文［その2］——カルフ北西宮殿の壁画

　カルフはアッシリアの都です．アッシリアにはアッシュルというティグリス河畔の古都がありましたが，アッシュル・ナツィルパル2世（紀元前884-859，図7）がティグリス河をさらにさかのぼったカルフに新しい都を造営しました．これがブラック・オベリスクの発見されたニムルドです．カルフは約150年間にわたりアッシリアの首都でしたが，その後，サルゴン2世（紀元前721-705）がドゥル・シャルキン（現在のコルサバド）に，さらにセンナケリブ（紀元前704-681）がニネヴェ（現在のクユンジク）に遷都しています．

　アッシュル・ナツィルパル2世はブラック・オベリスクを作成したシャルマネセル3世の父親にあたります．この親子は多くの近隣諸国を支配下に入れ，アッシリアが大帝国となるいしずえを築いたことで知られます．アッシュル・ナツィルパル2世は，約360ヘクタールのカルフの町を全長7.5kmの城壁で囲み，運河を整備しました．さらに，町の南西部に盛り土をして，そこに神殿や北西宮殿を建てました．北西宮殿の壁はさまざまなレリーフや碑文で飾られていましたが，次ページの図8はそのひとつです．

【図7】アッシュル・ナツィルパル2世像
(British Museum Guide & Map,1981,p.49より)

ここに描かれた生き物は翼をもち,角（つの）のついた帽子をかぶっています．有角のかぶりものは古代メソポタミアで神性のシンボルでしたから，これは建物とその住人を邪悪から守る守護神のようなものと考えられます．足下に彫られた銘文の最初の2行を読んでみましょう．

【図8】カルフ北西宮殿のレリーフ
（E.A.W. Budge (ed.), *Assyrian Sculptures in the British Museum*,
London: Printed by Orders of Trustees, 1914 より）

この部分には，次のように書いてあります（参考までにカタカナ表記も書き添えます）．楔形文字で書いた部分はいずれも神の名前です．

ekal Aššur-nāṣir-apli iššak Aššur nišīt ⸻⊬ ⸻< u ⸻⊬ ⊢ narām ⸻⊬ ⫞ ⟨⊣ u
⸻⊬ ⊨⫞ ⸺ kašūš ilāni rabūti šarru dannu šar kiššati šar māt Aššur mār Tukultī-
Ninurta

エカル　アッシュル・ナーツィル・アプリ　イッシャック　アッシュル　ニシート　⸻⊬ ⸻< ウ ⸻⊬ ⊢ ナラーム
⸻⊬ ⫞ ⟨⊣ ウ ⸻⊬ ⊨⫞ ⸺ カシューシュ　イラーニ　ラブーティ　シャッル　ダンヌ　シャル　キッシャ
ティ　シャル　マート　アッシュル　マール　トゥクルティー・ニヌルタ

アッシュル・ナツィルパルの宮殿．（彼は）アッシュルの支配者であり，⸻⊬ ⸻< と ⸻⊬ ⊢
の目にかなった者であり，⸻⊬ ⫞ ⟨⊣ と ⸻⊬ ⊨⫞ ⸺ に愛される者であり，大いなる神々
の武器であり，強い王であり，世界の王であり，アッシュルの王であり，トゥクルティ・ニヌ
ルタの息子である．

　　　⸻⊬ ⸻< と ⸻⊬ ⊢ は表語文字で書いてあります．⸻⊬ は神名を示す限定符で
す．88ページから神の名を探すと，（神）⸻< がエンリル，（神）⊢ がニヌルタで
あることが分かります．
　　　⸻⊬ ⫞ ⟨⊣ と ⸻⊬ ⊨⫞ ⸺ は表音文字で書いてあります．⸻⊬ は神名を
示す限定符です．最初の ⫞ は2章の地名3／5，人名4，神名2に出てきた文字で，
⊨⫞ も月名の中に出ていました．これらを書き込むと（神）a ⟨⊣ と（神）da ⸺
となります．残る ⟨⊣ と ⸺ はどちらも「子音＋母音＋子音」タイプの文字なの
で，51ページを参考に解読してみましょう（ヒント：⸻⊬ ⫞ ⟨⊣ はギルガメシュ
叙事詩に出てきた神です．⸻⊬ ⊨⫞ ⸺ は88ページの練習問題に出てきた神で
す）．
　　　このレリーフも現物は大英博物館に所蔵されています．大英博物館に足を運んだ
ら，メイン・フロアの「Nimrud Palace Reliefs」の部屋をぜひ見に行きたいものです．

109

4 バビロニアの世界地図

下に示したのは，下半分に地図が描いてある非常に珍しい粘土板の写真です．

【図9】バビロニアの世界地図（写真）
M. Roaf, *Cultural Atlas of Mesopotamia and the Ancient Near East*
(Oxford: Equinox, 1990, p. 125 より)

地図にはバビロンを中心としてアッシリア，ウラルトゥ，スサなどの地名，および海，沼地，水路などの地形が位置付けられ，海の向こうに広がる地の果てまで描

かれています．この地図が描かれたのは紀元前8世紀末か7世紀と考えられ，最古の世界地図と言われます．これはちょうどアッシリアとバビロニアの領土が最大版図に達し，メソポタミアの人々が自分たちを取り巻く「世界」にもっとも強い関心を抱いた時期だったと言えるでしょう．今とは違って地球が丸いという知識も航空写真もなかった時代に遠征や伝承によって得た知識に基づいて描かれた世界地図にはいったい何が書かれているのでしょうか．一部を解読してみましょう．

　この写真からじかに文字を読みとることは困難です．そんなときには写真の文字を手書きで書き写したもの（以下，「写し」と呼ぶ）を手に入れると便利です．この粘土板の写しは3度（1889年，1906年，1988年）出版されていますが，ここではもっとも新しく信頼のおける1988年の写しを参照することにします【図10】．

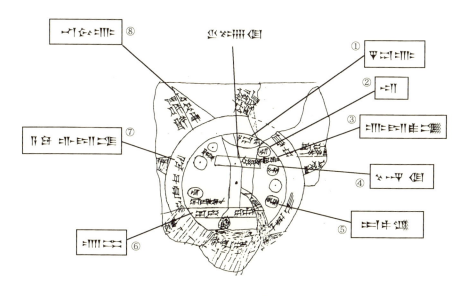

【図10】バビロニアの世界地図（写し）
（W. Horowitz, "The Babylonian Map of the World," *Iraq* 50 (1988), pp. 147-166 より）

また，この粘土板はバビロニアで書かれたため，本書で学ぶ新アッシリアの字体と多少字形が異なります．新アッシリアの字体に書き直したものを欄外に書き添えておきますので，まずそちらを解読してみましょう．そのうえで，解読した文字と写しとを見比べて，字体の違いを確認してください．

　中央の 𒃲𒁀𒀀𒇷𒆠 は bābilu と読みます．末尾の 𒆠 は地名を示す限定符で，𒃲𒁀𒀀𒇷 はバビロンを表します．地図上で長方形によって囲まれた部分がバビロンを指していると考えられますが，これと交わる縦の帯は何でしょうか．バビロニアやヘロドトスの記録を見ると，その昔，バビロンの町を横切ってユーフラテス河が流れていたことが分かります．これを考慮に入れると，この縦の帯はユーフラテス河に違いありません．

　さて，四角で囲った文字を時計回りに読んでいきましょう．まず，①の 𒊭𒁺𒌑 はすべて表音文字です．いずれも既習の文字ですが，123ページの同音異字が２つ含まれています．単語はすでに31ページに出てきました．地図を見ると，ユーフラテス河はここから発しています．したがって，これはユーフラテス河の水源であるアナトリア東部の山岳地帯を指していると考えられます．解読結果は $ša_2$-du-u_2 = šadû（シャドゥー）「山」となります．

　②の 𒌷 は「都市」を表す表語文字です．アッカド語読みは79ページで習ったとおり ālu（アール）です．山のふもとの名もない町を図示した文字だと思われます．

　③の 𒌑𒊏𒀾𒌈 はすべて表音文字として読みましょう．123ページの同音異字が２つ含まれます．また，最後の文字は少し破損していますが，tu[m] と読むことができます（語末のmは実際には発音しなかった可能性もありますが，ここでは気にしないことにします）．これはヴァン湖を本拠地とする王国を指します．アッシリア人はこの王国をウラルトゥと呼びましたが，バビロニアでは 𒌑𒊏𒀾𒌈 と書かれました．ウラルトゥの人たちは自分たちの王国をビアイニリと呼んでいたのですが，現在ではアッシリア式の呼び名が定着しています．解読結果は u_2-ra-$aš_2$-tu[m] = uraštum（ウラシュトゥム）「ウラルトゥ」となります．

④の ⟨𒀸𒋗𒆠⟩ は，国名を示す限定符 𒀸 と地名を示す限定符 𒆠 の間に地名 𒋗 が挟まれる構成になっています．𒋗 は 𒀸 aš と 𒋗 šur（→65ページ）を合わせて1字にした合字です．𒋗 は神名にも都市名にも国名にもなりますが，ここでは国名を示す限定符がついているので「アッシリア」ととります．アッシリアとウラルトゥの位置関係から見ても，最初に出てきた山はやはり東部アナトリアの山地を指していると言えそうです．バビロンの配置がアッシュルよりも山に近いのは事実に反しますが，ここでは山，ユーフラテス，バビロンの相対的位置関係と山，ウラルトゥ，アッシュルの相対的位置関係に重きが置かれていると考えることができます．解読結果は（国）aš-šur（地）= aššur（アッシュル）「アッシリア」となります．

⑤の 𒀊𒉺𒊒 はすべて122ページの早見表にある表音文字です．最後の文字は少し破損していますが，r[u] と読めます．この3文字で「葦の沼地」（58ページ参照）という意味になります．地図上の位置から考えて，バビロニア南部の湿地帯を指していると言えるでしょう．解読結果は ap-pa-r[u] = appāru（アッパール）「沼地」となります．

⑥の 𒂍𒌓 の最初の文字は「家」を示す表語文字として習いましたが（71ページ），実は表音文字として読むこともできます（→51ページ）．これはアッカド語で「家」をbītuと言うことから生まれた読みで，いわば漢字の訓読みのようなものです．2番目の文字は最初に覚えた57文字（→21ページ）のひとつです．この単語の意味は「水路」です（62ページ参照）．つまり，この地図によると，ユーフラテス河は海に流れ込む前に別の水路に合流していることになります．現在のイラクの地図を見ると，確かにユーフラテス河は直接ペルシア湾に流れ込みません．バスラの北でティグリス河に合流し，シャット・エル・アラブという「水路」となってペルシア湾に注ぎます．もちろん，川の流れは時代とともに変化しますが，この地図から当時すでにユーフラテス河は直接海に流れ込んでいなかったと推定できます．解読結果は bit-qu = bitqu（ビトク）「水路」となります．

2つの円の間に書かれた 𒁹𒁹𒂊𒅁𒆠（⑦）は 𒁹𒁹 と 𒂊𒅁𒆠 と

に分けることができます．前者は川を示す限定符（79ページ参照）で，後者は「（塩水の）海」を意味し，表音文字で書かれています．「子音＋母音＋子音」タイプの文字（→51ページ）が2つ含まれます．よく見ると，同じ語（限定符は省略されている）が2つの円の間に4度書かれています．メソポタミアの地が四方を海に囲まれているという認識があったものと思われます．しかし，「川」を示す限定符が付けられていることからも分かるように，四方の海は無限に広がる大洋ではなく，向こう岸が存在すると考えられていたようです．解読結果は（川）mar-ra-tum = marratum（マッラトゥム）「海」となります．

　向こう岸には三角形が放射線状に描かれています．粘土板の一部が破損していますが，もともと8つの三角形があったと考えられます．各三角形の中には ⟨楔形文字⟩（⑧）と書かれています．最初の2つの文字は122ページの早見表にあります．最後の文字は123ページの表から探しましょう．この単語の意味は文書によって異なります．新アッシリアの王碑文ではアッシリア帝国の行政区を指します．新バビロニアの王碑文では遠隔地一般を指し，「島」という意味で用いられる場合もあります．「島」という意味は先に紹介したギルガメシュ叙事詩第11の書板の中にも出てきます．この地図で ⟨楔形文字⟩ が島なのか大地なのかは不明です．私自身は，⟨楔形文字⟩ は島で，三角形の辺を越えると，そこには深淵（アッカド語で「アプスー」）が広がっていると想像しています．解読結果は na-gu-u$_2$ = nagû（ナグー）「地域（？）」となります．

　粘土板の上半分に書かれた説明書きは保存状態が悪く，判読は困難です．拾い読みをすると，「滅びた町々」「滅びた神々」という言葉などが読みとれます．また，さまざまな生き物の名前が数え上げられ，その後に「マルドゥクが荒れ狂う海の上に創り出した生き物」と書かれています．これらは天地創造に関連する記述だと思われます．これに続けて，「ウトゥナピシュトゥム」や「サルゴン」といった悠久の昔の人々の名前が出てきます．遠くの場所を描いた地図の上に遠い昔に言及する説明書きを添えるのは，当時の人々にとって遠くの場所（空間）と遠い昔（時間）とが

つながっていたからだと考えられます．この粘土板には時間と空間の交錯する世界観が映し出されていると言ってもいいでしょう．

この粘土板の現物は大英博物館所蔵（BM 92687）です．もちろん，粘土板に描かれた地図はこれだけではありません．一定の範囲を描いた小規模の地図はたくさんあり，有名なものとしてはニップル市の見取り図があります【図11】．けれども，古代メソポタミアの人々の世界観を映し出すような地図はほかにはありません．

【図11】ニップル市見取り図
（松本健編著『四大文明　メソポタミア』NHK出版，p. 28より）

5　ハンムラビ法典

　これまで見てきた文書はすべて紀元前1千年紀後半に書かれた文書でしたが，最後にもっと古い時代の文書を見てみましょう．楔形文字で書かれた文書は紀元前4千年紀から残っていますが，おそらくもっとも有名な文書はハンムラビ法典ではないでしょうか．

　ハンムラビ（前1792-1750年）はバビロン第一王朝の6番目の王で，バビロニアを統一し，さらにメソポタミア北部の一部を含む大帝国を築きあげた人物として知られます．ハンムラビが即位した時点では，バビロンは四方を敵に囲まれる新興勢力にすぎませんでした．南にラルサ，北にアッシュル，東にエシュヌンナ（ディヤラ河畔），西にマリ（ユーフラテス中流）が勢力をふるうなかで，ハンムラビは治世29年頃から近隣諸国の征服に乗り出し，治世37年頃までにはバビロニアを統一しました．この大事業が完成したあとに，ハンムラビ法典が編纂されました．

　これは一般に「法典」と呼ばれるので，本書でもその慣例に従いますが，厳密に言うと問題があるようです．ハンムラビ法典の最新の邦訳を出した中田一郎氏は「ハンムラビ「法典」の本体部分は法律の条文ではなく判決を集めたものである．したがって，ハンムラビ「法典」は，本来の意味での「法典」ではなく判決集であった」と述べています（『ハンムラビ「法典」』第2版，リトン，2002，163ページ）．

【図12】ハンムラビ「法典」の石碑
（ルーヴル美術館蔵）

また，ハンムラビ法典は世界最古の法典と呼ばれることがありますが，現在ではウル第三王朝のウルナンム（前2112-2095年）やイシン王国のリピト・イシュタル（前1934-1924年）が作らせた「法典」が発見されており，すでに「最古」の座はこれらの文書に明け渡しています．

　ハンムラビ法典は，前書き，「法典」本体，後書きの３部に分かれています．前書きには，ハンムラビの王権が神から与えられたこととハンムラビの王としての業績が述べられています．後書きには，ハンムラビの願い，ハンムラビ法典を尊重する者に対する祝福，法典碑を損なう者に対する呪いなどが記されています．法典本体の構成はおおまかに次のように整理することができます．

§ 1-5	起訴人，証人，裁判官に関する条項
§ 6-25	窃盗，横領，強盗に関する条項
§ 26-35	兵士に関する条項
§ 36-	農業に関する条項
	（この間に破損あり）
- § 126	商業に関する条項
§ 127-194	結婚と養子縁組に関する条項
§ 195-214	暴行に関する条項
§ 215-282	料金と損害賠償責任に関する条項

　このように，社会生活の多くの面をカバーしているため，ハンムラビ法典は当時のバビロニア社会に関するたぐいまれな証言であると言うことができます．

　ハンムラビ法典碑は新アッシリア時代の千年ほど前に書かれました．そのうえ，石碑には古めかしい字体を用いる習慣がありました．そのため，ハンムラビ法典碑はここまで本書で習ってきた文字とはかなり異なる字体で書かれています．そこで，ここでは数行を新アッシリア文字に書き改めますから，それを解読してみましょう．そ

のうえで同じ箇所の写しを紹介し，文字の違いを実感していただこうと思います．

では，さっそく解読を始めましょう．「目には目」のフレーズでよく知られるハンムラビ法典第196条を読んでみることにしましょう．初出の文字もあるので，122ページの早見表にないものには「ふりがな」をふっておきました．また，早見表に複数の読みがあって読みが絞り込みにくい文字にも参考までに「ふりがな」をふりました．早見表を片手に，ふりがなの付いていない文字を解読してみましょう．なお，𒌉は息子を表す表語文字です（73ページ参照）．

šum　　　wi　lum

息子　　wi　lim

uh₂　　tap　pi₂　　id

u₂　　ap

1行目の𒅇は2行目にも出てきます．また，2行目の𒌉𒈦（2文字）は4行目にも出てきます．

さて，次のように解読できたでしょうか．

118

```
šum-ma a-wi-lum
i-in 息子 a-wi-lim
uh₂-tap-pi₂-id
i-in-šu
u₂-ha-ap-pa-du
```

これを読み下すと，次のようになります．

šumma awīlum	シュンマ　アウィールム
īn mār awīlim	イーン　マール　アウィーリム
uhtappid	ウフタッピド
īnšu	イーンシュ
uhappadū	ウハッパドゥー

すぐには意味が分からないかもしれませんが，次の単語（動詞以外は既習）を参考に意味をとってみましょう．

𒄑	šumma「もし」	𒀀𒉿𒈝	awīlu(m)「人が」
𒀀𒉿𒇷	awīli(m)「人の」	𒄿𒅔	īn(um)「目」
𒈠	mār(um)「息子」	𒋗	-šu「彼の」
𒌑𒁍𒁉𒀉	uhtappid	「（彼/彼女が）つぶした，そこなった」	
𒌑𒄩𒀊𒉺𒁺	uhappadū	「（彼らが）つぶすべし，そこなうべし」	

この条文を和訳すると，次のようになります．

𒄑 𒀀𒉿𒈝	もし，ある人が
𒄿𒅔 𒈠 𒀀𒉿𒇷	（別の）人の子の目を
𒌑𒁍𒁉𒀉	つぶしたなら，
𒄿𒅔 𒋗	彼（＝ある人）の目を
𒌑𒄩𒀊𒉺𒁺	つぶすべし．

最後に，この5行の写しを見てみましょう．参考までに，新アッシリアの書体で書き直したものを下に付けます．

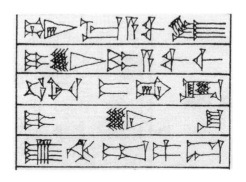

【図13】ハンムラビ法典第196条
（E. Bergmann, *Codex Ḥammurabi: Textus Primigenius*, Editio Tertia, Roma, 1953 より）

新アッシリアの字体と比べると，約半分（𒀸, 𒌋, 𒆳, 𒈝, 𒁁, 𒈠, 𒌨, 𒅆, 𒄿）は一目で同じ文字だと分かりますが，微妙に異なるもの（𒁁, 𒆳, 𒈝）や同じ文字には見えないもの（𒁁, 𒈠, 𒌨, 𒅆, 𒆳, 𒈝, 𒀸）もあります．ただし，新アッシリアの文字をしっかり覚えておけば，微妙な違いにはすぐに慣れますし，かなり異なる文字も徐々に読めるようになります．海外では，専門家のためにいろいろな字体を集めた字典も出ています（126ページ参照）．

ハンムラビ法典碑の現物はルーヴル美術館に所蔵されています．レプリカは中近東文化センター（http://www.meccj.or.jp/）にあります．ここで読んだ箇所に印があるので，ぜひ本書を片手に石碑を読んでみてください．

■■■■■■■■■■■■■■■■■■■■■■■■■■■■■■■■■■■■■■

◇コラム　ハンムラビの名前の表記

　日本語で書かれた本を見ると，ハンムラビの名前のカタカナ表記には「ハムラビ」「ハンムラビ」「ハンムラピ」といったばらつきがあります．楔形文字では基本的に 𒄩𒈬𒊏𒁉 （ha-mu-ra-BI）ないし 𒄩𒀀𒈬𒊏𒁉 （ha-am-mu-ra-BI）と書かれます．第1章で見たように楔形文字では子音の重ね書きは任意ですが，重なっていない子音をわざわざ重ね書きすることはないので，この場合，mは重なっていることになります．したがって，カタカナ表記では「ン」を入れた方が正確です．最後が「ビ」なのか「ピ」なのかは楔形文字を見ただけでははっきりしません．すでに習ったように，𒁉は「bi」とも「pi_2」とも読めるからです．楔形文字に関する知識があると，なぜこうした表記のばらつきが出てくるのかが理解できます．詳しくは，中田一郎訳『ハンムラビ「法典」』（第2版，リトン，2002）の151-153ページをご覧ください．

■■■■■■■■■■■■■■■■■■■■■■■■■■■■■■■■■■■■■■

付録1：基本文字早見表

　ここに示すのは1番の文字です．左側にある子音は一番上の段の下線部に対応します．▷⊩⊔ を例にとると，「_a」の下線部に「k」を入れ，「ka」と読みます．

	_a	_e	_i	_u	a_	e_	i_	u_
ʾ								
k								
g								
q								
s								
z								
ṣ								
š								
t								
d								
ṭ								
n								
h								
b								
p								
m								
y								
r								
l								
w								

付録2：同音異字早見表

　ここに示すのは2番と3番の文字です（→69ページ）．カッコ内が3番の文字で，それ以外はすべて2番の文字です．表の見方は付録1の基本文字早見表と同じです．

	_a	_e	_i	_u	a_	e_	i_	u_
ʾ		𒂊		𒌋(𒅇)				
k								
g								
q	𒆜	𒆠		𒆬				
s	(𒋛)	𒋛		𒋢				
z					𒍝			
ṣ				𒋢				
š	𒊭			𒋗				
t								
d								
ṭ								
n								
h								
b								
p		𒅁						
m								
y								
r								𒌨
l		𒇷						
w								

付録3：練習問題の解答

第2章
◇地名（80-82ページ）
1) 𒌷𒀸𒋩𒆠　　　　　　uru aš-šur ki　（町）アッシュル（地）
2) 𒌷𒆷𒆠𒊭　　　　　　uru la-ki-ša　（町）ラキシャ（＝ラキシュ）
3) 𒌷𒉌𒉡𒀀　　　　　　uru ni-nu-a　（町）ニヌア（＝ニネヴェ）
4) 𒌷𒄘𒌒𒆷　　　　　　uru gu-ub-la　（町）グブラ（＝ビブロス）
5) 𒌷𒀀𒆷𒆷𒄴𒆠　　　uru a-la-la-ah ki　（町）アララハ（地）
6) 𒆳𒄩𒀜𒋾　　　　　　kur ha-at-ti　（国）ハッティ（＝ヒッタイト）
7) 𒆳𒈪𒋫𒀭𒉌　　　　kur mi-ta-an-ni　（国）ミタンニ
8) 𒆳𒈬𒁺𒊑　　　　　　kur mu-uṣ-ri　（国）ムツリ（＝エジプト）
9) 𒌷𒌑𒂵𒊑𒀉𒆠　　　uru u-ga-ri-it ki　（町）ウガリト（地）
10) 𒌷𒂊𒈥𒆠　　　　　uru e-mar ki　（町）エマル（地）

◇人名（83-84ページ）
2) 𒁹𒄩𒄠𒈬𒊏𒁉　　m ha-am-mu-ra-bi　（男）ハンムラビ
　　　　　　　　　　　ないし m ha-am-mu-ra-pi₂　（男）ハンムラピ
3) 𒁹𒋗𒌒𒉿𒇻𒇻𒄿𒈠　m šu-up-pi₂-lu-li-u-ma　（男）シュッピルリウマ
4) 𒁹𒀀𒈠𒀭𒄩𒋫𒁉　　m a-ma-an-ha-ta-pi₂　（男）アマンハタピ（＝アメン・ホテプ）
5) 𒁹𒈾𒁉𒌝𒆪𒁺𒌨𒊑𒌑𒍪𒌨　m na-bi-um-ku-du-ur-ri-u-ṣu-ur
　　　　　　　　　　　（男）ナビウムクドゥッリーウツル（＝ネブカドネツァル）

◇神名（87-89ページ）
1) 𒀭𒀀𒉡　　d a-nu（神）アヌ　　　2) 𒀭𒂊𒀀　　d e₂-a（神）エア
3) 𒀭𒀜𒁺　　d ad-du（神）アダド　　4) 𒀭𒌓　　　d ša₂-maš（神）シャマシュ
5) 𒀭𒅖𒄩𒊏　d iš-ha-ra（神）イシュハラ
6) 𒀭𒁮𒃶　　d da-gan（神）ダガン　　7) 𒀭𒐐　　　（神）50　エンリル
8) 𒀭𒌋　　　（神）10　アダド　　　　9) 𒀭𒌋𒐊　　（神）15　イシュタル
10) 𒀭𒁹　　　（神）1＝（神）60　アヌ　11) 𒀭𒎙　　　（神）40　エア
12) 𒀭𒌍　　　（神）30　スィン　　　　13) 𒀭𒎙　　　（神）20　シャマシュ

付録4：参考図書（和書）

◇古代メソポタミアの歴史・文化について
大貫良夫ほか『人類の起原と古代オリエント』中央公論社，1998.
J. ボテロ『メソポタミア』法政大学出版局，1998.
小林登志子・岡田明子『古代メソポタミアの神々』集英社，2000.
前田徹ほか『歴史学の現在　古代オリエント』山川出版社，2000.
前田徹『メソポタミアの王・神・世界観』山川出版社，2003.
P. ビエンコウスキほか『大英博物館　古代オリエント事典』東洋書林，2004.
オリエント学会（編）『古代オリエント事典』岩波書店，2004.
小林登志子『シュメル——人類最古の文明』中公新書，2005.

◇楔形文字について
C.H. ゴードン『古代文字の謎』現代教養文庫，1979.
C. ウォーカー『楔形文字』學藝書林，1995.
河野六郎・千野栄一・西田龍雄（編）『世界文字辞典』三省堂，2001.
菊池徹夫（編）『文字の考古学Ⅰ』同成社，2003.
杉勇『楔形文字入門』講談社学術文庫，2006.

◇楔形文字で書かれた文献の邦訳
杉勇ほか（訳編）『古代オリエント集』筑摩書房，1978.
中田一郎訳『ハンムラビ「法典」』（古代オリエント資料集成1），リトン，2002，第2版.
月本昭男訳『ギルガメシュ叙事詩』岩波書店，1996.

◇インターネット上の情報
中近東文化センター　　　　http://www.meccj.or.jp/
聖書考古学資料館　　　　　http://www.tmba-museum.jp/
アッカド語関連のリンク　　http://www.lingua.tsukuba.ac.jp/ippan/wiki/

付録5:さらに勉強したい人のために

①辞書

I. J. Gelb, B. Landsberger, A. L. Oppenheim and E. Reiner (eds.), *The Assyrian Dictionary of the Oriental Institute of the University of Chicago*, Chicago, 1956-. (略称 CAD)
　未完だが,専門家には不可欠なアッカド語辞書の決定版.すでに20巻を越え,豊富な例文を掲載する.

W. von Soden, *Akkadisches Handwörterbuch*, Wiesbaden, 1985, 第2版 (略称 AHw)
　用例にも言及する3巻本のアッカド語・独語辞書.すでに完結しているため,専門家には不可欠.

J. Black, A. George, N. Postgate (eds.), *A Concise Dictionary of Akkadian*, Wiesbaden, 2000, 第2版 (略称 CDA)
　安価な1巻本で携帯可能なアッカド語辞書.例文はない.正誤表が web 上で随時更新される.

②字典

R. Labat, *Manuel d'épigraphie akkadienne*, Paris, 1995, 第6版.
　時代や地域による字体の違いが収録された字典.

R. Borger, *Mesopotamische Zeichenlexikon*, Münster, 2003.
　同著者による *Assyrisch-babylonische Zeichenliste* (Kevelaer/Neukirchen-Vluyn, 1981, 第2版) の全面改訂版.

W. von Soden & W. Rölling, *Das akkadisches Syllabar*, AnOr 42/42a, Roma, 1976, 第3版.
　楔形文字の音価をすべて収録し,時代や地域による違いも確認できる字典.

③文法書

W. von Soden, *Grundriß der akkadischen Grammatik*, AnOr 33/17, Roma, 1995, 第3版 (略称 GAG)
　もっとも詳細なレファレンスグラマー.専門家には不可欠なアッカド語文法の決定版.

A. Ungnad, *Akkadian Grammar*, translated into English by H. A. Hoffner, Atlanta, 1992.
　非常に簡潔だが,中上級でも必要十分なレファレンスグラマー.

④入門書

D. Marcus, *A Manual of Akkadian*, Washington D.C., 1978.
ハンムラビ法典などの文献を実際に読みながら，アッカド語文法を解説してゆく入門書．全21課．

J. Huehnergard, *A Grammar of Akkadian*, Winona Lake, 1997.
詳細な文法解説と膨大な練習問題があるため，独習に最適．練習問題の解答（別売り）もある．全38課．

R. Caplice, *Introduction to Akkadian*, Rome, 2002, 第4版．
安価で簡潔なアッカド語の入門書．全12課．練習問題の解答がないので独習には向かない．

D. B. Miller and R. M. Shipp, *An Akkadian Handbook*, Winona Lake, 1996.
活用表，アッカド語ヘルプ，主要固有名詞一覧，簡易字典の4部からなる便覧．

著者略歴
池田 潤（いけだ じゅん）
1961年，群馬県に生まれる．
1983年，筑波大学第一学群人文学類卒業．86年，同大学大学院文芸・言語研究科文学修士．95年，テルアビブ大学大学院文化科学研究科 Ph.D.
現在，筑波大学人文社会系教授．

主要著書・訳書
『ヘブライ語文法ハンドブック』（白水社）
『ヘブライ語のすすめ』（ミルトス）
D・コロン『古代オリエントの印章』（學藝書林，訳書）
P・ビエンコウスキほか『大英博物館版　図説古代オリエント事典』（東洋書林，共訳書）

楔形文字を書いてみよう 読んでみよう《新装復刊》
古代メソポタミアへの招待

2017年5月25日　第1刷発行
2020年4月10日　第5刷発行

著　者 ⓒ　　池　田　　　潤
発行者　　　及　川　直　志
印刷所　　　株式会社三秀舎

発行所　101-0052東京都千代田区神田小川町3の24
　　　　電話 03-3291-7811（営業部），7821（編集部）　株式会社　白水社
　　　　www.hakusuisha.co.jp
　　　　乱丁・落丁本は，送料小社負担にてお取り替えいたします．

振替 00190-5-33228　　Printed in Japan　　加瀬製本

ISBN978-4-560-08747-3

▷本書のスキャン、デジタル化等の無断複製は著作権法上での例外を除き禁じられています。本書を代行業者等の第三者に依頼してスキャンやデジタル化することはたとえ個人や家庭内での利用であっても著作権法上認められていません。

マヤ文字を書いてみよう 読んでみよう（新装版）

八杉佳穂 著

中米のマヤ文明では平仮名や漢字と同じしくみをもつ文字が使われていました。本書は、解読作業が現在でも続いているマヤ文字の魅力を味わえる一冊。マヤ文字で名前も書けます。

ヒエログリフを書いてみよう 読んでみよう（新装版）
古代エジプト文字への招待

松本 弥 著

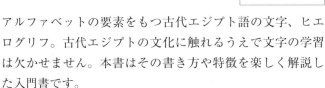

アルファベットの要素をもつ古代エジプト語の文字、ヒエログリフ。古代エジプトの文化に触れるうえで文字の学習は欠かせません。本書はその書き方や特徴を楽しく解説した入門書です。